서병진 제10 시집

장곡산 메아리

서병진 지음

도서출판 EnO궁

장곡산 메아리

『시간은 흔적을 남긴다』 제 9 시집 출간한 이후 나름대로 흔적을 남기고자 노력해왔다. 흔적은 거저 되는 것은 아니었다. 평소 차곡차곡 모아 둔 것을 한 권으로 엮었다.

장곡산 더 높은 하늘, 찬란한 빛 긴 여운의 메아리로 '이파리 없는 나무에도 새들은 찾아온다.' 는 간절한 마음을 표현한 『이파리 없는 나무도 숨은 쉰다』 는 희망의 메시지 담은 시집을 늘 가슴에 깊이 간직하여 오던 것이 장곡산에서 메아리가 되어 돌아왔다.

내 고향 장곡산 굽이굽이 어린 시골 정서를 언젠가는 책으로 담아내겠다는 나의 약속이었다. 약속은 시간과 함께한다. 시간은 사람을 기다리지 않는다. 시간은 곧 경영이다. 주어진 시간은 노력과 삶의 결정체로 보상된다.

"문학은 일상 속에서 윤택한 삶을 가꾸는 도구다."라는 전제하에 앞서『너른지 메아리』를 한 권의 시조집으로 묶어 내 놓았다. 내게 있어 그러한 작업은 문학에 대한 삶의 전부라고 해도 과언이 아니다.

고향에 대한 그리움을 누구보다도 많이 썼다고 자부한다. 제10 시집에도 많은 편수를 수록하였다. 세월이 흘러 팔순이 되어서 그러는지는 몰라도 고향에 대한 애착심도 많다.

그리고 지금에 와서 내놓을 만한 것도 없고 작품도 그렇고 모든 것이 부족한 탓이라고 본다. 부담 갖지 않고 편안한 마음으로 읽어주었으면 한다.

2020년 2월 6일

가산 쉼터에서 **서 병 진**

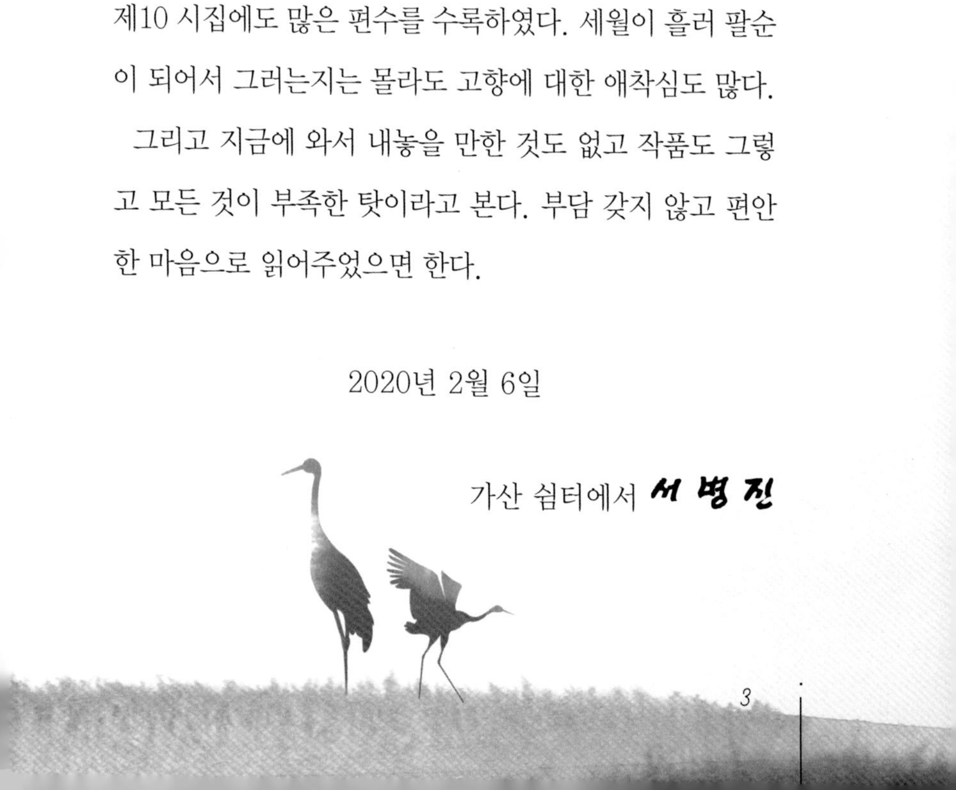

축시

정자나무

나영봉

팔순『장곡산 메아리』
제10 시집 출판 축하드립니다

무더운 여름날 동구 밖
정자나무 밑에 모여서
멱을 감으러 갈 사람
가재 잡으러 갈 사람
편 나뉘지던 그날도
부드럽게 웃어주던 님

찬바람 매정하여
뒤돌아보지 않고는
무심하게 스쳐 가더라도
변함없이 마음 지키며
한결같은 심성 지닌 분

만나면 누구라도 똑같이
손 마주 잡고 웃어 주고
반겨주시는 든든한 버팀목
보약 같은 가산 서병진 회장님.

축시

가산 서병진 회장님 제10 시집 『장곡산 메아리』 출판을 진심으로 축하드립니다

최임순

따뜻한 심성에 부지런하시고
사람들에게 위로가 되는 교양과 지식에
많은 힐링이 되고 자연과 사물을 통해
팔순의 매력과 배려가 배어 있고

주옥같은 시어 속의 그리움을
삶의 여유를 가지고 독자에게 꿀처럼
달콤한 시적 공간에서 정점을 그리는
희로애락 속에 열정 가득한 한 권

정확하고 성실한 모습에 감로수 같은 시집
빛나고 좋은 길을 걸어 사람의 향기로 가득
채워 주시는 회장님 각박하고 주춤거리는
현대사회 속에 배려하는 마음 넘칩니다

회장님!
우리들 가슴에 깊이 새겨져 있습니다
섬세함을 지닌 꽃향기와 늘 푸르른
우리 곁에 영원하시길 기원합니다.

차례

제 1부 한글로 피는 꽃

제 2부 장곡산 메아리

제 3부 빛으로 열어온 길

제 4부 들꽃 같은 친구

제 5부 부록 『嘉山으로 가는 길』

- 시심을 익히며 -

제 1부

한글로 피는 꽃

우리 한글

닿소리 열네 자
홀소리 열 자
씨줄과 날줄 되어
지어내는 글의 샘

어찌 보면 창틀에서
어찌 보면 문고리에서
서로서로 짝이 되어
우리글을 지어낸다

무릎 치는 한 마디
우리말 우리글이
마른 밭에 불 지른 듯
새싹이 솟아나는 한글

우리글을 지어내
노랑머리 파란 눈이
앞 다퉈 배우는 글
우리 한글 으뜸이라.

※주 : 한자어가 없는 순 우리말
시인들의 샘터문학(2017.10.28), 2017년 창간호 초대시 30쪽
한글 새소식(2018.06.05), 제550호 18쪽
한국문학신문(2018.06.20.수), 제358호 4면
시숲의 시향기(2018.08.15), 다온문예 동인문집 제1집 초대시 9쪽
서울교육삼락(2018.10.01), 제44호 68쪽
중구문학(2019.12.31), 통권 제10호 295쪽

한글로 피는 꽃

ㄱ……ㅎ 닿소리 열네 자
ㅏ……ㅣ 홀소리 열 자는
우리 손발과 입이 되는 연장
뭇사람 가슴 꽃이 되는 한글

땅덩어리 곳곳에
무리 지어 피는 꽃
메마른 가슴속
촉촉이 적시는 한글꽃

눈가리개 가린 채
온누리에 쏘다녀도
걸림돌 비켜가고
어깨너머로 다 알아본다

한결같이 피는 꽃

한글이 으뜸이니

사랑으로 잘 가꾸리라

길이길이 우뚝 빛날 한글꽃.

※주 : 한자어가 없는 순 우리말
청계문학(2017.03.10), 통권 제16호 2017 봄호 명시코너 17쪽
한국문학신문(2017.04.05.수), 제300호 4면
서울문단(2019.12.30), 2019 제8호 332쪽
중구문학(2019.12.31), 통권 제10호 296쪽

비를 맞다

주룩주룩 내리는
비를 맞는다
지난 가슴앓이 삶
땅바닥 흘러가는 빗방울
비비고 비비며 가는 곳 없이
님의 얼굴 졸졸 적시며
물결 따라 소리 없이
흘러만 간다

하늘에 다짐하고
이제는 가을 나뭇잎
물든 속살 속삭이며
살랑살랑 옷깃 적신다
밤마다 젖는 이부자리
하염없는 속앓이에 눈 감아
지난 일 되새김
그대 얼굴 떠 올려 본다.

※주 : 한자어가 없는 순 우리말
청계문학(2017.03.10), 통권 제16호 2017 봄호 명시코너 19쪽

봄꽃

하얀 눈꽃 지자
산 너머 부는 바람
영동할매 바람 타고
산들산들 찾아오는 봄

검정 신발 벗고
푸른 치마 갈아입어
분홍 저고리 두르고
하얀 두루마기 꽃잎처럼

바람결에 만나서
씨방도 되기 전
꺾이어야 할 숙명
누가 봄꽃 곱다고 하는가.

※주 : 한국창작문학(2016.05.20), 제3호 2016년 여름호 141쪽
자유문학(2016.06.30), 제26권 2호(통권 제100호), 2016 여름.100. 189쪽
다온문예(2018.04.21), 통권 제10호 17쪽

개나리

물푸레 본가 두고
울타리도 아닌 곳곳에
자리다툼 하지 않고
계절 따라 피는 꽃

겨우내 헐벗고
차디찬 눈꽃 덮여
시간에 숨 고르다가
해를 보고 달을 보면서

검은 바지 벗고
푸른 바지 갈아입어
노란 저고리 단장하고
향기로 피어나는 꽃잎

별들은 꽃잎 하나하나

속삭이는 것 안 보여도

마디마디 꺾어 심으며

하나둘 늘어나는 나무야.

※주 : 20160402 응봉산 제19회 개나리축제장에서
한국창작문학(2016.08.25), 제4호 2016년 가을호 91쪽
보리피리(2016.07.18), 2016년 제5호 82쪽
낙동강(2016.08.20), 낙강시제 시선집 제66호 90쪽

3월

하얀 뭉게구름
드높이 나른다

아지랑이 되어
새 생명 태어나는 삼라만상

종달새 종종걸음
지지배배 노래로 장단 맞춘다

청춘의 날개 펴는
꽃 달음질하는 달이어라.

※주 : 샘터문학(2019.05.04), 제6호 초대시 33쪽
시와창작(2019.07.20), 통권 32호 여름호 특별 초대석 35쪽

목련화 보면서

청순한 너는
일찍이 물마시고
푸른 옷 입기 전
무엇이 그렇게 급해서
활짝 웃느냐

내일도 오늘처럼
그리워하는 그녀
활짝 웃는 웃음꽃으로
봄날의 화사한 그대여
후회 없는 봄날은 간다.

※주 : 청계문학(2016.06.10), 제13집 2016 여름호 20쪽

피는 꽃마다 아름답다

아!
피는 꽃마다 아름답다
살아 있는 생명 젖줄
저렇게 빛나다

길 가장자리에 핀 꽃
화단에 엎드려 핀 꽃
부잣집 담장에 핀 꽃
어느 아름다운 꽃인가

누구는 이래서 못났고
누구는 저래서 잘난 것인가
풀잎 향기는 흥겨워
멀리 전해주는 입소문.

※주 : 청계문학(2015.06.20), 제9집 여름호 24쪽

해바라기

올 곧은 줄기
몽글몽글 맺어진 몽우리
둥글둥글 크게 피어
뜨거운 해를 맞는다

해를 따라 피는 꽃
시곗바늘 도는 꽃잎
멈출 줄 모르는 박동
지나고 또 지나는 시간

어느덧 촘촘히
알알이 하얀 띠 두르고
방긋이 익어 가는 씨앗
해에 묻는다.

※주 : 청암문학(2016.11.12), 통권 제9호 254쪽

코스모스

키다리 변종하여
짧은 키로 너울거린다
가늘고 촘촘한 잎새
꽃잎 따서 얼굴 비비며
발걸음 멈추게 한다

겉과 속 다른
유전인자 가지각색
제 모습 자랑한다
밤새도록 이슬에 젖어
잠을 이루지 못한 꽃술

꽃무리 휘날려도
바람결에 쓰러지지 않아
한들한들 손짓하며 길을
열어 주는 달무리에 젖어
피어나는 코스모스.

※주 : 시와 창작(2016.12.10), 2016년 겨울호 통권30호 152쪽

영란밥상머리

가물에 단비 내리고
낙엽 드는 첫날에
벼락치는 듯
식당마다 예약 취소
줄줄이 울상 짓는다

설렁하였던 구내식당
겹줄로 북적거려 봄날이다
꽃피던 시간 잠시였던가
영란밥상 유효기간 이제부터
콩나물국밥 김치찌개 장날이다

상금에 눈이 멀어
스마트 폰 사진 찍어
꾹 눌러 날리면
달려와 나부랭이 기막혀
한잔 술에 밤 익어간다

마트마다 선물세트 줄이기
눈물 삼키는 모습
목청 울림까지 터져 나온다
숨겨 둔 뒤 창고 선물 보자기
싸늘한 밥상머리 꽃피운다.

※주 : 김영란법 시행 첫날 표정(2016년 9월 28일)
한국문학신문(2016.10.05.수), 제276호 4면

간 맞추기

부글부글 끓는 국물
솥뚜껑 살짝 열어
숟가락 떠서 맛을 본다

오늘은 이 사람
내일은 저 사람
맞도록 끓여 낸다

사람과 사람에게
간을 맞추면
두터운 정 생긴다

괴로움과 그리움도
강하고 약하면
간을 맞추어
정답게 살아 보자.

※주 : 한국문학신문(2016.01.13.수), 제241호 4면
청계문학(2016.03.10), 2016 봄호 제12집 23쪽
중국 동북아신문(2019.02.08) 보도

맞추며 사는 세상

보글보글 끓는 된장국
뚜껑을 살짝 열어
맛을 본다

오늘은 짠 맛이라
물을 더 붓고 끓여
간을 맞춘다

어느 날 싱거워서
하얀 소금
간 맞추어 입맛에
딱 맞도록 끓였다

누구든 누구에게
누구를 간 맞추면
두터운 정 보글보글
끓을까

사랑도 그리움도

진하고 연하면

간을 맞추어

세상을 아름답게 살자.

※주 : 한국국보문학(2016.02.01), 통권 90호 70쪽
한강문학(2016.04.10), 통권 제6호 2016년 봄호 48쪽

된장찌개

부글부글 끓는 된장찌개
뚜껑을 살짝 열고
숟가락으로 떠서 한 입
싱거울 것 같아 당신도 한 입
짭조름해야 제 맛이지

사람과 사람 사이
기쁨과 슬픔 미움과 사랑
함께 나누며 미움도 사라지고
따뜻한 마음 생기듯
살갑게 살아요.

※주 : 샘터문학(2019.05.04), 제6호 초대시 32쪽

내비게이션

길치의 눈은
여인의 가슴 안는다
유부남이 그랬을까
사근사근 참견하며
옳다 그렇다
도와주는 내비 양

길치를 벗어나게
해주는 그녀는
자동차 부품 중의 귀중품
운전석 바라보며 안내하는
내비 양의 모니터에 표현하는
그녀 이름은 내비게이션

양심을 버리고

헌신짝 땅바닥 핥는 사람

거짓말 새끼에 엮인 사람

좌우측 꼬불꼬불한 하얀 뇌

CCTV 이식하여 연중 작동하는

내비게이션 되는 그 날은 온다.

※주 : 한국문학신문(2015.08.12.수), 제221호 4면
좋은문학(2015.09.01), 통권 제61호 127쪽
서울중구문학(2015.10.07), 제6호 50쪽
시와창작(2016.06.27), 2016년 여름 5호(통권 29호) 69쪽

꿈에서 본 삶

주룩주룩
빗소리 그리워
오늘도 그 냄새
흠뻑 젖어 본다

등갈비 젖는 소리
잠 이루지 못해
꿈에서 환생한다
일어서 힘을 준다

하얀 얼굴
하얀 쟁반에 담는다
즐거움과 그리움
한자리 모였다.

※주 : 시와 창작(2016.12.10), 2016년 겨울호 통권30호 153쪽
중국 동북아신문(2019.02.08) 보도

수족관의 물고기

해 질 녘
시장기 있는 시간
어스름한 어시장 거리
북적거린다

바다에서 분가한
단독 주택인 수족관
집집마다 가족은
다문화 대가족이다

도다리 광어 장어
가자미 전어 농어
너 죽을 줄 모르고
떠다니는 물고기

고객 눈에
선택된 놈 그물에 뜨여서
도마 위에 얹히면
시퍼런 칼에 눈 감는다

육덕보시
하얀 접시
초롱초롱한 눈알
덧신을 신었다.

※주 : 청계문학(2016.12.10).2016년 겨울호 제15호 19쪽

달빛 강

하늘엔 별이 빛나는
창창한 한나절
은하수 다리 종종걸음
토끼 방아 찧는 소리
님은 잠 깨워 등에 업고
어~랑 상사뒤요

잔잔히 흐르는
기나긴 달빛 강물
오늘도 고요히 잠 깨워
그림자 없는 달빛 강물
종이배 띄워 보낸다.

※주 : 한국창작문학(2016.03.16), 제2호 2016년 봄호 133쪽

카카오톡

카톡카톡
시도 때도 없이 울리는
공짜배기 손가락 전율
감추었던 마음 활짝 피어
언제부터 가까웠는지

님 그리워하는
하얀 마음
눈물방울 떨어지는
스마트 폰 카톡 앱
촉촉이 맺힌 이슬방울

옷매무새 아롱거리는

당신의 그늘 깊숙이

마음 새겨보는 시간

손바닥 손금 헤아려

내 마음 적셔주는 카카오톡.

※주 : 서울중구문학(2015.10.07), 제6호 49쪽
종로문학(2015.11.29), 통권 제15호 160쪽
한미문단(2015.11.20), 한국문인협회미주지회 2015년 겨울호 68쪽
청계문학(2015.12.10), 통권 제11호(겨울호) 22쪽

독도 사랑

동해 넓은 바다
우뚝 서 있는 독도
홀로 푸른 옷 입고
하얀 파도
쉴 새 없이 마신다

갈매기 젖은 나래
친구 삼아 어깨동무
함께 노래하며
때로는 춤도 춘다

울릉도 마실 나들이
껴안고 잠을 잔다
새벽 파도 상처 난
아픔을 씻어준다.

※주 : 세종문학(2019.12.27), 2019년 하반기 통권 제8호 초대시 15쪽

콩나물

메마른 땅
뿌리혹 잎사귀
시간 접어 낚아서
땅바닥 도리깨
두들겨 맞고
따뜻한 가마니로 담겨간다

피륙 덮어 씌워
밤낮으로 물에 취해
외기둥으로 쭉쭉 솟아
두 쪽 사이 노오란 싹
똑똑 아픔 가슴 그리워
밥상에 사랑받는 나물.

※주 : 샘터문학 사립문에 걸친 달그림자(2018.12.29),
제5호 초대시 21쪽

사랑하는 당신

이슬 맺는 풀잎
깊은 마음속까지 해맑아
당신의 별이 되고 싶어

실개천 버들피리 꺾어
우아한 당신 입술
사랑 노래 부르고 싶다

언제나 내 곁을
뱅뱅 돌아 떠날 줄 모른다
아슬아슬한 고개 또 넘어도
따스한 손등 만져주는 당신

사랑은 끝이 없나
천리만리 길 숲을 이루고
이슬 되어 주는 당신 사랑
저물지 않는 강물로 흐른다.

※주 : 동방문학(2016.03.01), 통권 제79호 83쪽

독립문 공원

'오등은 자에 아
조선의 독립국임과
조선인의 자주민임을
선언하노라'

하늘에도 땅에도
닿는 데까지 고하노라
북한산아 인왕산아
아! 독립문아

산새들의 노래에
벌 나비 찾아든다
푸른 잔디 윤기 나는
웃음꽃으로 손잡는다

나라를 지킨 영령
나무에 새겨진 위패
말은 없어도
똑똑히 바라본다

나뭇가지 한들한들
사랑 목말랐던 울분
손바닥 닳도록 땅을 치고
배꼽까지 소리 들린다

아 슬픈 조국이여
이제는 기쁨의 환희를
가슴 가슴 두르고
어둠 밤도 빛 밝혀
길임을 아노라.

태풍

새털구름 하늘 이고
불타는 산과 들
색동 띠 두르고
뉘 없이 고비 당긴다

취한 듯 미친바람
알곡 떨어질까
불안한 시선으로
논두렁 타는 촌부

빗방울 커지면
두근대는 심장박동
가만가만 지나가길
팔짱 끼고 하늘에 고한다.

※주 : 한글, 문학을 노래하다(2015.09.07), 세계한글작가대회 기념문집 시집 465쪽
한국시사랑문학회 카페 시 사랑방(2015.10.19), 160번

기다리는 사람

밤이면 별을
낮이면 햇빛을
빈 가슴에 담아

길목에 주저앉아
출렁거리는 마음
뚜렷이 새겨본다

시간이 저만큼 흘러
주름만 하나둘 생겨
늘어나는 당신의 모습.

※주 : 대산문학(2020.01.04), 2020년 1월 창간호 117쪽

코로나19

코로나19
여권 없이 슬며시
뒤따라 와서는
사람 목숨 앗아 가는
염치없는 박쥐 바이러스

넌 싫다
깨끗하게 얼른 떠나라
반갑지도 않은 불청객 싫어
청정지역 이 땅에서 사라져라
신종 코로나 바이러스

이제는
남녘의 봄 산수유 매화 피우자
뒷동산 가득 핀 진달래 개나리
아기 엄마 아빠 웃음꽃 피면
우리 손잡고 마음껏 다녀보자.

※주 : 한국문학신문(2020.03.18.수), 제442호 4면
코로나? 코리아!(2020.07.10), 47쪽

제 2부
장곡산 메아리

이파리 없는 나무도 숨은 쉰다
서병진
이파리 없는 나무는
계절에 따른 움츠림에
껍질로 감싸 안은
그 나목 숨소리 나는 좋아
비바람 설한풍도 이겨내고
새로운 삶의 꿈을 간직하고
삶의 표상 새순을 틔우고
정열을 꽃피우는 나목의 기상
풍상을 이겨내며 솟구쳐온 기백이며
펼쳐내는 가지마다 풍성함 드러내고
포근한 가슴으로 세상을 안겨주는
이파리 없는 나무에도 새들은 온다

장곡산 메아리

산과 산이 에워싼 장곡산
능선 넘어 마르개 바닷바람
가슴으로 쭉 마시고 두 팔로
하늘 높이 만세 삼창 부르며

장곡산 피고 지는 꽃
눈웃음으로 맞아 주는 향기
풀벌레 정겨운 소리 흠뻑 젖는
판곡리 동네 인심

너른지 천년의 솔 향
장곡산 정기 휘감아
코끝 맴돌아 돌아오는
수 천년지기의 보금자리 터.

※주: 장곡산은 경남 고성군 삼산면 판곡리에 있는 산 이름
동방문학(2016.03.01), 통권 제79호 84쪽
중국 동북아신문(2019.02.08) 보도
한국문학신문(2020.02.19.수), 제438호 4면

병산재 아침

동트는 여명의
병산재(屛山齋) 아침
달성(達城) 서공(徐公)
가슴에 불씨를 지펴
대대로 이어받아
이 터를 지켜온 자손

푸른 송죽 가지마다
주저리 열리는 열음
섬으로 채우는 곳간
세세손손 이어갈 우리

판서공파(判書公派)

명찰 단 자손의 사명

꿈을 품고 희망 안고

나아가는 오로라.

※주 : 동방문학(2016.03.01), 통권 제79호 82쪽
청계문학(2016.03.10), 제12집 봄호 24쪽
한국창작문학(2016.03.16), 제2호 봄호 132쪽
한국문학신문(2016.04.20.수), 제254호 4면
한강문학(2016.04.10), 통권 제6호 2016년 봄호 47쪽
불교문학(2016.04.25), 제21호 197쪽
재경固城人 65년 발자취 1953~2016(2016.12.10.), 262쪽

판곡리 푸성귀

판곡리 동네는
밭뙈기마다 씨앗 뿌리면
노란 새싹 나불나불 돋아
햇볕 날개깃 춤춘다

푸성귀는 너울너울
싱싱한 잎사귀
망태 담아 어깨 메고
그리움을 찾는 동네이어라

갈망개 마르개
윗담 아랫담 노루목 동네
따뜻한 가슴 품어주는
너른지 푸성귀 풍성하다.

※주 : 샘터문학 아리아, 자작나무 숲 시가흐르(2018.12.29),
제4호 초대시 22쪽

판곡리 그리움

그리움 가슴에 품고
한 아름 지녀 찾아드는
그대의 보금자리 찾아서
발걸음 디디고 걸어 봐요

장곡산 올라 가슴 펴고
한려수도 수평선 보라
꿈은 가슴에 담고
희망 펼쳐보라

산 너머 그리움 펼쳐
날로 날아오는 그대여
이제 멍석 깔고 놀아보세
오순도순 살아보는 그리움이여.

갈망개 보물창고

갈망개 뻘밭은
옥구슬 보물창고
꼬막창고 피조개창고
바지락창고 잘피창고
땅굴에서 솟아 나온다

밤낮이 있는 땅굴
야밤에만 쏙 나와서
사랑도 하고 먹이를 찾는
짱뚱어의 통방울눈 잘피에
몸을 씻는 뱀장어 사촌이다

동네의 아낙네들
낙지 조개 잡아 돈주머니
가득 채워주는 보물 뻘밭
갯바람에 까칠한 얼굴로
보물창고 찾는 아낙네.

※주 : 한국현대시(2017.06.25), 한국현대시 · 17호, 2017년 · 상반기호 174쪽
한국문학신문(2017.07.05.수), 제312호 4면

우리 동네

산에는 달이 뜨고
계곡에 풀벌레 소리
가는 발걸음 멈추게 한
물소리 피리 소리에
신발 끈을 푼다

윗담 아랫담
갈망개 마르개
부연한 저녁노을
연기 속 이웃 사랑
하늘 높이 휘날린다

동네마다 장독대
햇볕 내리는 소리
김치 된장 고추장
곰삭아 익는 사랑
우리 동네 모여든다.

※주 : 청계문학(2016.12.10),2016년 겨울호 제15호 21쪽

고향 바람

고향바람
사랑바람 분다
고성 당항포로 가자
바닷바람 안고 걸으면
구국의 충절이 생각난다
출렁이는 파도에 사랑이 운다

고향바람
사랑바람 분다
고성 철둑으로 가자
대독천 흐르는 물소리
갈대숲 새소리 가재소리
황금들판 기름진 고성에 살자.

※주 : 다온문예 동인문집 제2집 시숲의 시향기(2019.08.30),
초대시 13쪽
한강의 설화(2020.03.30), (사)한국시인연대 2019
사화집 제29집 238쪽

고성 땅

하늘에는 별
지구에는 고성 땅
하늘에는 수많은
혜성들이 있다
지구에는 많은
나라와 땅이 있다

푸른 산으로 에워싸고
넓은 바다로 꿈과 희망을
가슴에 안아 주는 찬란한 땅
옛 가야 고자미동국 철성 이은
하늘에서 오로라 내린 땅이
고성(固城) 땅이다

천왕산 높은 산아래 기름진
옥토마다 황금물결 이는 들판
당항포 물결 속에 나라 혼 살아
곳곳마다 찬란한 문화유산에
상족암 공룡발자국 길이 보존하는
인재의 산실 고성(固城)이다.

※주 : 청계문학(2019.09.10), 제26집 2019 여름호 명시코너19쪽
고성문학(2019.09.27), 제35호 출향문인초대 97쪽

문수암

무이산 꼬불꼬불
산길 따라 오르면
구름 위로 걷고 있다

한려수도 눈앞에
오목조목한 작은 섬
재롱을 떤다

정수리 뭉게구름
이고 올라서면
바위뿐이다

바위틈 사이
문수보살 앉아서
중생을 헤아린다

세속의 번뇌

가지마다 열려

목탁 소리도 성불이다.

※주 : 다온문예 동인문집 제2집 시숲의 시향기(2019.08.30), 초대시 14쪽
청계문학(2019.09.10), 제26집 2019 여름호 명시코너 21쪽

상족암 절뚝이

기암절벽 눈길 가고
주상절리 혼을 뺏겨
바닷물에 씻어 보며
그때 그 형상
하얀 파도에 얼른거린다

터벅터벅 거닐던
백악기 초식공룡
용각류 화석이 되어
선명한 흔적이 파도에
노래하며 춤춘다

바닷물 출렁이며
거센 파도 밀어닥쳐
바닷가 스쳐 가는
우직한 몸부림에
옷깃 적시는 모습
지금은 발자국 흔적뿐.

대가 저수지

이쪽저쪽 둘렛길
바다인지 육지인지
자전거로 한 바퀴
빙 돌면 아침나절
제방 둑길 연인의 거리

수문 열리면
쏟아지는 폭포수
들판을 살찌워
곳간 채워주는
고성(固城)평야의 젖줄.

※주 : 제69회 낙강시제 시선집 2019 낙동강(2019.09.27), 80쪽

월평리 옹기 가마터

세월이 삼킨 시간
토해 내지 못한 그 터
흔적도 사라져 버린 그 자리
천여 도를 오르내리던 불가마

보릿고개 시절
생활에 보탬 되어 주던
질그릇 만드는 그 물레도
흔적은 상상에 맡겨 두었구나

물레 물레야 돌아가서
손과 발 진흙 반죽에
오지그릇 이 동네 저 동네
간장 맛 향수로 젖어 보자.

※주 : 청암문학(2019.09.28), 제15호 초대시 32쪽

나팔꽃 인생

– 故 素人 金碩奎 시인 탄생 100주년
기념시비 헌정제막식 하는 날 –

일흔다섯에
아버지 얼굴도 기억 못 한 자식
유작의 시 '이민 열차', '식탁'
옥석에 새겨 어머니의 열녀비 옆
나란히 세웠다

돌아가시던 날
하얀 눈이 세상을 덮어씌운 날
네 살배기 엄마 품에 안겨놓고
나팔꽃보다 짧은 한 많은 인생
스물아홉에 하늘로 가셨다

엄마는 외아들 청(淸)을 안고
밤낮으로 눈물로 지새웠던 날
치마폭 훔친 눈물 강물 되어
뿌린 씨앗 싹이 자라 손자 증손자
월평리 땅에 뿌리 깊은 나무 심었다

하늘도 아는 듯
고 소인 김석규 시인 탄생 100주년
기념시비 헌정제막식 하는 날
부부의 기쁜 눈물 세인의 가슴 적시니
벽방산 까치 소식 나르기 바쁘다.

※주 : 고 김석규 시인 탄생 100주 기념시비 제막식 :
경남 고성군 고성읍 월평리 2015.11.07
한국시사랑문학회 카페 시 사랑방(2015.11.10), 200번
청계문학(2016.06.10), 제13집 2016 여름호 122쪽

자지고개 이야기

월평리 매수마을
뒷산 올라 넘어 넘어서
거류면 가는 산협
높지 않은 고갯길

어느 날 두 남매
친척 집 가는 날
별안간 먹구름 하늘
천둥번개 내리친다

멀쩡한 하늘
소나기 쏟아부어
소나무 아래서도
삼베 속옷 젖었다

반달 그린 아랫도리

불꽃 깃봉 세운 동생

누이 앞세우고

돌로 성기 찧어 죽으니

누이도 목매어 죽었다는 전설.

※주 : 한국문학신문(2018.02.21.수), 제342호 4면
한국창작문학(2018.06.15), 통권 제11호 2018년 여름호 61쪽
보리피리(2018.06.30), 2018년 제9호 43쪽

꿈속의 얼굴

가지마다 눈꽃 피웠던
겨우내 머리 두른
하얀 수건 비친 얼굴

발자국 곳곳마다
등 굽은 어머니 흔적
꿈속에 그려보는 얼굴

고구마 감자 옥수수
가마솥에 푹 삶아
배고픔 채워주던 어머니
이제는 가시 없는 나무
이팝꽃 피어나리라.

탄생의 환희

하늘빛 밤새도록
무지개다리 건너
반짝이는 별 부둥켜안는다

누리 빛 잉태하여
엄마 아빠 가슴 설레게 한
호연의 탄생 우렁차다

환희에 찬 엄마
아빠는 탯줄을 당긴다
둘 더하기 하나는 셋이다

송죽 가지마다
사랑의 끈 주렁주렁
행복의 오로라이어라.

우리의 별

얼마나 기다렸나 얼마나 손 모았나
푸른 별 우리 집 내려 달라고
우리 모두 하나로 몇몇 해 손 모았나
별 중의 부신 별 내려 달라고
하늘이 돌아보다 내려주신 별

도봉산 푸른 정기 몸에 두른 별
천 년 전 옛 고을 고운 바람 속에서
어둔 세상 길 밝히려 찾아온 별
일곱 빛 무지개 두른 돌잔치
우리 모두 손잡고 고운 별로 키우자.

※주 : 외손녀 첫 돌잔치 축시(2017.08.12.토. 12:00)
한국창작문학(2018.06.15), 통권 제11호 2018년 여름호 62쪽

물장구

햇볕 쟁쟁 쬐는 날
폭염 특보 발령에도
잔잔한 수면에 몸을 맡겨
잔물결 신나게 나른다

아빠랑 엄마랑 호연이랑
더 높은 푸른 하늘 아래
야외 수영장 물장구친다

하얀 물살에
하얀 물결 따라 나르며
꿈을 안고 하늘을 본다

저 멀리 서 있는
저 멀리서 보고 있는
심장의 박동 소리
훗날의 기약 해본다.

※주 : 한국현대시(2018.06.25), 19호 2018년 상반기호 169쪽

카톡 감자

가뭄에 숨죽인
풀잎 하나하나
온종일 쭈럭쭈럭
땅을 적신다

호주머니 찌르르
카톡카톡 소리
발걸음 묶어 놓는다

단비 오는 날
고향 고성(固城) 감자
쉼 없이 퍼 나른다

감자 삶아 먹는 날
하얗게 터진 몸덩이
하얀 과육 먹는다

흰색 갈색보다

자주색이 인기다

줄기마다 아픈 사연

땅속 세상 살아온

사연 담아 나른다.

※주 : 월간문학(2019.10.01), 한국문인협회 2019년 10월호
통권 608호 108쪽

빼떼기

생고구마 잘라
햇볕에 말린 빼떼기

늦가을 지붕 위
햇볕 쬐는 고메 조각
밤하늘 온몸 두르고
낮이면 뜨거운 태양 못 이겨
하얀 분 품는다

마르면 단단한 뼈다귀
빼떼기라 부른다

그때 그 시절 보릿고개
가마솥에 쌀 팥 빼떼기 넣어
푹 삶아 거무스름한 죽 먹던 시절
새록새록 솟는다.

※주 : '빼떼기'는 '삐대기의 경상도 사투리
고메는 고구마를 가리키는 경상도 사투리
다온문예(2019.11.02), 제13호 초대시인의 시 64쪽

우리 집 유치원

봄비 내린
우리 집 화단
유치원 생겼다

여기저기
조막손
앞 다퉈 손바닥 편다

선생님은 어느 누구
이름 부르지 못해
고개만 끄덕끄덕 한다

아기 꽃들 소리쳐 부른다
선생님 분꽃입니다
선생님 저는 진달래예요

나팔꽃 채송화 제비꽃

모두 귀여운 아이들
모두 아름다운 꽃들
우리 집은 유치원.

※주 : 청계문학(2016.06.10), 제13집 2016 여름호 21쪽

폐교의 흔적

어릴 적
공부하며 뛰놀던 곳
주인 잃은 지 오래다
자그마한 슬레이트 지붕
꿈과 희망 가득한 삼곡국민학교

이제는
그 얼 어디서 살아
숨쉬고 있는지
매듭진 책가방 끈은
문고리 걸고 풀어놓지 않는다

운동장 잡초는
하늘 보며 자라고
교무실 앞 둥근 돈나무
둥글둥글 커 가겠지.

※주 : 한국문학신문(2016.05.25.수), 제258호 4면
월간 한국국보문학(2016.06.01), 2016년 6월호 통권 94호 17쪽

월이의 생애

왜구의 침탈
한 맺힌 월이(月伊)
별이 잠든 깊은 밤
왜적 간자 잠재워 놓고
지도에 붓촉으로 뱃길 틔워

소소포 속시개
왜선 26척 유인
수천 명 수장시킨 당항포 해전
나라 휘감은 승리의 깃발

육전 연패를 시원하게 역전시킨
고성의 자랑 민족의 빛이 되어
무기정 맴돌다 간 박꽃 같은 넋.

※주 : 무기정(舞妓亭)은 경남 고성군 고성읍 무학동에 있음
한국문학신문(2017.10.18.수), 제325호 4면
제1회 월이(月伊) 축제 시화전(2017.10.21.토), 고성군 국민체육센 전시)
얼슈!! 固城人(2017.12.17), 제5호 63쪽
경남사람들(2017.12.), 제51호 73쪽

붓을 든 여인

무기정 절세가인
월이(月伊)의 충정
뭇사람 가슴으로 품어
밤하늘별처럼 빛나는 여인

왜적 간자 잠재워 놓고
안주머니 지도 꺼내어
당항포 바닷길 붓으로
유인한 왜적 수장시킨
속시개는 말한다

달빛 내린 윤슬
월이의 얼굴에는
오직 구국의 눈빛으로
칼보다 강한 의지
붓으로 휘감은 여인.

※주 : 샘터문학(2019.09.07), 제7호 초대시 42쪽
제2회 월이시화전(2019.10.26.토), 고성군국민체육센터 전시
청계문학(2019.12.05), 제27집 겨울호 18쪽

겉살과 속살

책 한 권 받았다
'고성의 겉살과 속살을 찾아서'
고성문화원에서 개정증보판
2014년 12월 15일 발행했다

유서 깊은 한반도의 줄기에
산과 바다가 춤추는 고성(固城)
겉살과 속살 다 숨쉬는 고장
비바람 불어도 흔들리지 않는 겉살

보이지 않는 말말 속살은
섬을 담아도 남은 이야기
월평리 뒷산 나지막한 고개
자지고개 넘으면 무슨 고개냐.

윤사월

새벽잠 스치고 정갈한
간편복 단정하여 나섰다

지하철 첫차 버스 첫차
코로나19 마스크 착용하고
우등버스 단독좌석에 앉았다

어둠살이 차창에 비취는
시야에 고향산천 그리움
앞을 가려 묵상에 젖었다

버스터미널 기다리겠다
약속한 사토 일할 사람
나오지 않아 무척 애태웠다

전화하여 늦게 만나
소주와 안주 종이컵 사서
가방에 넣어 철둑을 지나
너른지 장곡산을 올랐다.

고성 구경

천혜의 고성 땅
아름답기가 천 가지 만 가지
그 중 아홉 곳

제1경 당항포
임진왜란 승전한 포구이며
이순신 장군과 기녀 월이의
혼이 살아 있는 유서 깊은 곳

제2경 상족암
바닷가의 공룡발자국
바위 암석의 주상절리
하얀 파도 몰아치는 바다

제3경 연화산
도립공원으로 천년고찰
옥천사는 샘물의 유래이며
보물 제495호로 다양한 문화재

제4경 문수암
706년 성덕왕 5년 의상(義湘)이
창건한 기암절벽의 병풍처럼 둘러싸여
구름 위 한려수도 한눈에 들어온다

제5경 거류산
고성평야와 동해바다를
넉넉한 가슴으로 조망하는 명산
걸어가던 산이 멈추어섰다는 설

제6경 남산공원

고성읍을 한눈으로 둘러보는
우뚝한 산 둘레길 해지개다리
밀물시간 찰랑대는 물소리 정겹다

제7경 갈모봉

이당리 갈모봉 삼림욕장
새소리 바람소리 굽은 길
힐링을 즐기는 관광객 북적댄다

제8경 송학동 고분군

소가야를 대표하는 문화재
파란 하늘 청초한 녹색 잔디
고성의 얼이 숨 쉬는 소가야 수도

제9경 장산 숲

지방기념물 제86호로 지정된

천혜의 아름다움 담은 연못 숲

KBS드라마 '구르미 그린 달빛' 촬영지.

고성찬가

작사 서병진 작곡 정원수

1. 천왕산 높아높아 큰 고을을 이루고
오랜 터전 옛가야 유서 깊은 고장
기름진 옥토마다 오곡백과 황금물결
미래의 큰 꿈을 한 아름 품어 보세

아 ~아~ 자랑스런 내 고향 고성
길이길이 빛내자 내 고향 고성

2. 당항포 물결소리 가슴에 안은 사랑
천년학들 날아와 인걸 많은 고장
공룡들 날아날아 바다 건너 전 세계로
미래의 큰 설계 한없이 펼쳐 보세

아~아~ 자랑스런 내 고향 고성
길이길이 빛내자 내 고향 고성

※주 : 고성문학(2016.09.29), 제32호 90쪽
재경固城人 65년 발자취 1953~2015(2016.12.10), 6쪽
청계문학(2019.12.05), 제27집 겨울호 19쪽

고성찬가

Moderato=125

서병진작사
정원수작곡

※주 : 재경固城人 65년 발자취 1953~2015(2016.12.10), 6쪽
한강의 설화(2020.03.30), (사)한국시인연대 2019
사화집 제29집 237쪽

고성연가

작사 서병진 작곡 정원수

1. 아아아 고성산 푸른 소나무 솔바람 소리
기름진 들판마다 오곡백과 물결치고
학동마을 토담 길은 고성의 자랑
오랜 옛터 옛가야 아름다운 고장

고성공룡 엑스포 바다 건너 세계로
아 아 영원히 빛나리 아름다운 고장 고성

2. 아아아 한려수도 물결 상족암 공룡의 터전
고성산 정기 받아 천년학들 불러모아
연년세세 인걸들이 넘치는 고성
전 세계로 뻗어가는 고성인의 등불

고성공룡 엑스포 바다 건너 세계로
아 아 영원히 빛나리 아름다운 고장 고성.

※주 : 청계문학(2019.09.10), 제26집 2019 여름호 명시코너 22쪽

고성연가

Moderato=130

서병진작사
정원수작곡

제 3부
빛으로 열어온 길

바람 새

나는 죽었어도
빛과 그림자 없는
너른 공간 저으며
바람 따라 사는 새

흙에 썩고 도랑물 되어
숨 쉬는 공기와 물
부딪쳐도 다치지 않는
그런 새가 되고 싶어라.

※주 : 샘터문학 청록빛 사랑 속으로(2018.07.28), 3호 46쪽

금표비

발걸음 묶어 놓았구나
어린 왕 꽁꽁 묶어
왕관을 벗겨 놓고
어찌하려고 이곳까지
보자 하니 푸른 하늘도
우레를 보내 주저앉으니
번쩍거리는 청령포

천년송도 납작 엎드려
울었으니 눈물 고여
부스럼딱지 곤룡포 되어
수풀 속 밤낮 홀로 걸어
풀벌레 부는 노래
사랑하는 임 품에 안고
나날 보냈구나.

※주 : 노루목에 부는 바람(2018.10.04), 2018년 21회 김삿갓
문화제 앤솔로지 98쪽
2018년 21회 김삿갓문화제 시화전

난고 김삿갓

첩첩산중 산길
흙길 자갈길
두메산골 그 집

푸른 하늘 그늘
초가지붕 핀 박꽃
하얀 시성 꽃 피었네

삿갓 쓰고 어디든지
방방곡곡 유랑천리
대궐 욕쟁이 피는 꽃

지은 죄 사죗길
푸른 강물 흐르는
동강 물결에 띄웠네.

※주 : 노루목에 부는 바람(2017.09.22), 9집 이야기 110쪽
2017년 제20회 김삿갓문화제 시화전(2017.09.22~24)

빛으로 열어온 길

오늘도 한걸음으로
그 길을 달려갑니다
평생 빛의 소망을 담아
시를 품고 사랑을 품고
한날 한걸음으로
오늘도 달려갑니다

어느 때
뉘 더불어 그 길을
말하지 않아도 긴 소맷자락
펼치며 가리키지 않아도
앞서 가신 발자국 자취에
그 다다름을 짐작합니다

눈은 하늘을 향하고
두 팔은 세상의 풍요를 끌어안고
잠시 기억의 끝자락으로 돌이키면
여유롭고 푸근한 가슴 깊은 곳에는
민첩한 청년의 피를 뿜어내는
심장의 역동이 뚜렷합니다

오늘은 좋은 날 참 좋은 날
얼굴 마주치면 기쁨 나누는 복된 날
평생 높은 뜻 낮은 마음 걸어온 여정
남은 날 더욱 빛으로 채우소서
상수의 해를 길이 누리소서.

※주 : 詩가 흐르는서울 제80회 시 낭송회,
后白 황금찬 선생님 상수연 100인 송수집(2017.01.21),
통권 제80호 85쪽

상수에 핀 꽃

한평생 교육자로
시인으로 상수(上壽)의 꽃
피우는 날 아무나 합니까
시인님
축하합니다

어느덧
시간 지나면
달이 해로 거듭하여
세기를 맞아 찬란한 빛으로
대지에 꽃피어 열매 맺힌
상수의 꽃 더 아름답습니다

검은 머리
하얀 파뿌리 될 때까지
온갖 풍파 젖은 삶
오늘 상수 빛나는 날
시인으로서 두 손 모아
또다시 꽃 피워 보는 날

고목에도
매미 찾아와 노래 부르며
돋아나는 이파리에 맺힌 이슬
가지마다 영글어 주옥의 시
원고지에 자장가처럼 시노래
함께 부르는 그 날까지 누리소서.

그대의 시성(詩聖)

맑은 하늘 우렛소리
컴퓨터 멈추고 하늘의
원고지를 바라본다

사근사근 울리는
그대의 시성 목소리
잠을 깨우는 그대 가슴
포근한 꽃을 피운다

당신이 떠나는 날
빛으로 계곡마다 밝혀
흐르는 물에 무지개로
뿌리 내려 꽃을 피웠다

오늘 오셨네요
문인들 참 마음으로
기다리고 기다려 빛으로
웃음을 버리지 않고
그대로 간직하셨네요

지천에 피고 지는
꽃잎마다 시성의 꽃
영원한 시 한 편의 웃음꽃
함박꽃 피운다.

※주 : 시가흐르는서울(2018.04.21), 통권 제16호 138쪽
시숲의 시향기(2018.08.15), 다온문에 동인문집 제1집
초대시 9쪽

산고의 옥동자

엊그제 처서 절기
남과 북의 바람 안고
자유롭고 평화스러운 산실

마흔세 시간 진통
여섯 명 옥동자 낳아
매스컴으로 출생 신고한다

그 산고의 아픔
몸서리치는 말과 행동 다른
포연의 소리에 치가 떨린다

이제는 상생의 의지
총부리 녹여
논밭 일구어 가득 찬 곳간
후손에 물려주자.

※주 : 한국문학신문(2015.09.02.수), 제224호 4면
서울중구문학(2015.10.07), 제6호 48쪽
한미문단(2015.11.20), 한국문인협회미주지회 2015년 겨울호 66쪽
종로문학(2015.11.29), 통권 제15호 159쪽
청계문학(2015.12.10), 통권 제11호(겨울호) 21쪽

특목고

알파고

하얀 돌 까만 돌

잡는 순간부터 여유로워

구단의 눈빛 초롱초롱해

한 수 두 수 명수로 놓아

인공지능 도전은 오메카고로

사랑고

남녀공학 특목고로

사랑을 제일로 삼아

너도 사랑 나도 사랑

자유분만 인구증가 공헌

돈도 받고 상도 받는 사랑고

월수고

달밤에 맨손체조 하듯

건강 제일로 삼는 학교

달빛을 머리에 이고

유유히 흐르는 강물

종이배 띄우는 시인학교

가산고

달뜨고 해 뜨는 지붕

하얀 박꽃 피고 지면

둥글둥글 속살 익어

꿈과 희망을 곳간

가득 채워주는 학교.

※주 : 한국창작문학(2016.08.25), 제4호 2016년 가을호 92쪽

어느 시인의 무덤

어느 시인의
묘소 참배로
이른 아침부터
몸을 씻고 나섰다

나무를 심는 날
식목일 한식 오늘
조상 산소 찾는 날
묘소를 둘러보는 날

평생 못 가질 병
격리된 소록도 시인
생을 마감하는 날까지
많은 걸작을 남겼다

무덤가 보리는

보리피리로 말없이

그대를 바라보며

파랑새가 날아온다.

※주 : 시와창작(2019.10.19), 가을호 통권 33호 발간특집
-한국의 명시- 23쪽

민둥산

어제는
그렇지 않은 산
오늘은 민둥산이군
잔디밭 뭇사람 밟으면
죽는다고 한다

상수리
아카시나무
땜질하는 나무다
밤나무도 좋다

동네 부역해서라도
아름다운 금수강산
조성하여 관광객
들락날락 하도록
얼른 힘을 모아야겠다.

커피 한잔에

늘 가는 커피숍
그 자리는 비어 있네
단골이라 서비스로
달달 볶은 커피
따끈한 물에 타서
맛을 본다

입에서 나온 침액
건강식품이라 하면서
마구 쏟아 낸다
아토피 피부에 단방약
잡초를 거두지 못하고
들꽃 피어나는 꽃남

벌 나비 생기 돕는다
산 너머 부는 바람도
산들산들 분위기 알맞게
조명을 조절해 주면
빨간 봉지 길 나선다.

청량리 꽃밭

뚜벅뚜벅
청량리 가는 날
꽃밭 물 주려고
헐레벌떡 달려가네

이십여 분
물 주고 나면
노랑별만 보이네
에라 시들은 고추로다

뒷동산 햇볕
가산쉼터 솔바람
겨울 김장 마련해 볼까.

시들어진 꽃밭 물주기

시들어져 가는 꽃밭
생수 뿌려주자
언제 그런 듯이 꽃잎 활짝
웃음꽃으로 반긴다

꽃대는 꼿꼿하여
방향감각 뛰어나
잘도 찾아서 할 일을 마친다

한 그릇 물
꽃잎 동동 띄어 놓고
휴지통 안고 평가전
한바탕 웃어본다.

이야기

아! 옛날에
내가 살았던 집
감나무 하나 늙어서
새 눈을 틔우지 못해
별나라 식구로 보내고
건넛마을 떫지 않은
대추나무 그 자리에
맞이하여 꽃을 피웠다

월가는 화분에
아침저녁으로 들락날락
속옷 물총 쏘아 가꾼 열매
까치밥 하나 대롱대롱 달린
감나무 대추나무 넉넉하다

큰방 작은방 열린 열음
새사람 안방마님 본돌 뽑아
꽃 피운 이야기 정겹구나.

은행

푸르름 마주하여
사랑하는 은행나무
둘이서 씨방 되어
주렁주렁 매달린다

시간을 반추하면
노오란 띠 두르고
땅바닥 툭툭 두드려
냄새 역겨워 겉옷 벗고
하얀 속살 내미는 열음이여.

※주 : 불교문학(2016.04.25), 제21호 197쪽

은행나무

노랑나비 나불나불
툭 떨어져 어깨를 치고
땅바닥 황금카펫 깔아 놓는다
사뿐사뿐 닦아 놓은 문턱 너머
사그락사그락 소리로 걷는다

헐벗고 모진 세파
검은 껍질 골골이 사이로
생명을 펴 올린 수액으로
숨 고르며 묵묵한 눈 서릿발
나 홀로 견디는 숙명의 나무

가지마다 새순으로
새록새록 돋아나는 자태
생명의 이파리는 숨은 쉰다
옷깃에 스치는 달콤한 향기
벌 나비는 애정을 나르기 바쁘다

녹음방초 울타리

노래로 먹는 보금자리

노래교실 매매 강사

어느새 임대 기간 줄줄이 탈출

땅속 칠년을 계약한 은행나무.

※주 : 한국시사랑문학회 카페 시 사랑방(2015.11.29), 248번
청계문학(2016.03.10), 2016 봄호 제12집 25쪽

가을비

새털구름 높이 뜨니
더 맑아진 하늘 아래
산야는 붉게 타오르는
색동 띠 두르는 가을
뉘 없이 고비를 당긴다

산 넘어오는 바람
아픈 마음 내리며
알곡이 떨어질까 봐
조바심으로 양팔 접고
들판을 바라보는 농부

빗방울 커지면
심장박동 눈 돌리며
가만가만 내리도록
이리저리 왔다 갔다
팔짱 끼고 하늘에 고한다.

※주 : 좋은문학(2015.09.01), 통권 제61호 126쪽
중국 동북아신문(2019.02.08) 보도

새치다

가을 들녘 익으며
새들이 모여들어
난장판이다

찍찍 소리에
가슴앓이 하던 작대기
새를 쫓아낸다
휴야 휴야 날아간다

벼 익기 전
빨아 먹은 쭉정이
빈 가마니 울고
곳간도 옥죄어 온다

삶에도 쭉정이
꽃을 피우는지
나뭇가지 흔들린다.

거미

넓은 공간
좁은 공간
어디든 뜨개질
척척 지어 건다

작품전시회
한결같은 심사평
고민에 거듭 빠졌다
크기만 다를 뿐이다

정치망 그물에
먹잇감 걸렸다
팔딱팔딱하다가
속살 다 잃어버린다

먹이사슬

그렇게 자연의 섭리

순리에 나뭇잎 떨어지다

거미줄에 애걸한다.

※주 : 청암문학(2016.11.12), 통권 제9호 253쪽
청암문학(2017.11.10), 통권 제11호 170쪽

매미의 삶

여름 한 달
며칠 살려고
땅속 수년 동안
굼벵이로 살았는지

수컷 구애소리
암컷 찾는 목소리
이 껍질 저 껍질
알을 낳아 태어나는
굼벵이 탄생

살금살금 내려가
나무뿌리 둥지 잡아
뿌리수액 양식 삼아
해로 거듭하여

땅속 탈출하여
나무로 기어 올라
굼벵이 우화하여
매미로 태어나는
삶은 순환소수이라.

※주 : 서울 중구광장(2016.09.25.수), 제275호 14면

탄핵 타령

하늘 높이
외치는 타령
대한문 태극기 기각타령
광화문 촛불 인용타령

녹용은 사슴뿔
해구신은 물개 거시기
사슴에는 뿔이 있고
물개는 뿔이 없다

탄핵 인용
탄핵 각하
촛불은 광화문으로
태극기는 대한문으로
함성 높여 외친다

그 목청 터지는 소리
청계천 흐르는 물소리에
큰 강물이 되네
그 깃발 외친다.

뽑기

광화문에
태극기 없는 텃밭
음양이 상생하는 토양
잡초를 뽑아야
푸성귀는 자란다

사과꽃 솎아내는
마음은 아프지만
상처가 아물면은
튼실한 열매되니

민주의 씨앗
이 땅에 심는
텃밭 되리라.

미래의 빛

나는 보았다
나는 양쪽 다 보았다
나는 양쪽 들어 보았다
그리고
나는 생각해 보았다

나는 나라를 사랑하는
마음을 깊숙이 파고들었다
청계천 흐르는 물은
한강으로 합류하여
오대양으로 기세당당하게
대한의 나라 얼이 흐르는데

숨 가쁘게 외치는 것은
누구를 위한 외침일까
계곡의 산새들 잃어버린
맑은 물 찾는 갈등이다

나는 보았다
나는 들었다
나는 생각했다

지금 양쪽 다른 소리
하나 되는 날은 온다
그날을 기다려 본다.

우리나라 지금

우리나라 좋은 나라
누가 무어라 해도
참으로 좋은 나라
자유민주주의 나라
살기 좋은 나라

국정교과서 비난하나
우리나라 우리의 것
올바르게 가르쳐서
참 지식 바른 역사
후손에게 물려주자.

새마 마을

마리산 기슭에
낙동강 칠백리 시작점
표지석 꽃피는 새마 마을

강변을 거닐면
확 트이는 그리움에
평화롭게 뛰노는 물고기

언제 와도 정겹게
넉넉한 인심으로
이주의 발을 묶는다.

성년의 날

성년이 되어도 부모품
벗어나지 못하고 있다
성인이 되면 가정의 어른으로서
임무를 수행하는 것이 요구된다

결혼하여 자녀를 낳고 부모를 모시고
살림을 책임지고 가정을 이뤄야 한다
하지만 오늘날은 자기만의 행복을
누리기 위하여 살아가는 사람이 많아진다

성인으로서 자신의 삶이 독립적임을 나타내고자
한다면 자신의 삶에 책임을 질 줄 아는 사람이
되어야 한다 그런데 성인으로서 자신의 삶을
선택하고 결정할 권리만을 주장하고 그에 대한
책임문제를 부모에게 전가하는 경우가 있다

성년이 되어서도 제구실을 못 해 그날의
의미가 퇴색한 건 아닌지 생각해 볼 필요가 있다
몸은 어른이 되었지만 의식이나 행동은 변하지 않고
부모에게 끝없이 기대면 성년이라 말할 수 있는가
성인으로서 갖추어야 할 태도를 깊이 생각하는
계기가 되었으면 하는 바람이다.

새해 동녘 해

새해 동녘 해
방방곡곡 붉은
정렬의 희망을
안겨 줍니다

산이나 들이나
나무이면 나무
풀잎이면 풀잎에
새싹의 거름을 줍니다

시간의 흔적을
이제는 시간에
열린 열매가
될 것입니다.

제 4부
들꽃 같은 친구

들꽃 같은 친구

들꽃은
아무데나 피는가
피고 지는 것은
시간에 숱한 묵은지
인내를 겪은 먼 길을
걸어온 인생길

숨가쁜 때
위로의 한마디
청량제 같은 친구
벌 나비 찾는 꽃
밤꽃 같은 사나이
묵은지 같은 친구

멀리 있어도
곁에 있는 것처럼
얼굴 마주 보는 친구
밥 먹으면서 먼산을
상머리에 당겨 앉아
그리움을 찾는 친구.

※주 : 시인시대낭송(2018.04.12), 제83회 낭송집 14쪽

겨레사랑 숨 쉬는 동산

위기에 처한 조국
굳게 다잡은 소총
끝내 목숨 바쳐 지켜낸 땅
부끄러워 눈을 감았습니다

한 조각 구름마저도
천둥소리 큰 울림
쏟아져 내리는 눈물
어찌 잊을 수 있겠습니까

그대의 산화된 몸
의로운 영혼 서울국립현충원
고이 잠들었습니다.

※주 : 시와창작(2019.07.20), 통권 32호 여름호 특별
초대석 34쪽
다온문예 동인문집 제2집 시숲의 시향기(2019.08.30),
초대시 12쪽
샘터문학(2019.09.07), 제7호 초대시 41쪽

친구의 얼굴

새 달력을 받고
벽에 걸려 있는 한 장
시간은 이렇게도 쌓였구나
사무치는 그 사람도 떠났구나

시간의 흔적은
가슴에 빛나게 하는
기쁨의 기억을 끌어당기는
그리움이 되는 친구의 얼굴

철이 철을 날카롭게 하고
친구는 그 친구의 얼굴을
빛나고 휘날리게 하는 친구
어깨 친구 아니겠나 친구야

이파리 없는 나뭇가지
눈이 내려도 찬 서리 앉아도
꽃 피고 새우는 파란 봄날
아랑개비 안고 걸어보자구나.

고칠회 정

사랑하는 옥담
주룩주룩 오는
빗소리에 그리움이
당신의 얼굴이 익는다

고칠회
비가 오나 눈이 오나
하나 둘이든
즐거운 시간은 그대로인데

당신의 손짓 내미는
마음 비비는 그 마음
오늘도 모여드는
남부터미널역 외롭지 않다.

고칠회의 끈

고칠회
상서로운 눈
나풀나풀 내리는 날
우면산 둘렛길 걸었지

동아줄 묶은 끈
한결같은 한마음
한 걸음 두 걸음
함께했던 시간
도타운 정 나누었지

호주머니 여는
고성중(固城中) 칠회
동기 중 한양 천 리
발 디딘 친구들 아니던가

남은 삶

세차게 바람 불어도

대금소리 들으며

너털웃음으로

굳세게 콧노래 부르자.

※주 : 청계문학(2016.09.10), 14집 2016 가을호 25쪽

아이고

아이고머니
바람 따라 오는 메아리
뉘 기둥인가 안다
에에라 상사뒤요
노다지 쏟아지는 정
호주머니 차곡차곡
접어 채워둔다

거문고 가야금
튕기며 항아 주에
예쁜 색깔 터지도록 담아
옥담 고영수 무상 김수복
박사 김청 중암 남정현
가산 서병진 금산 정영수
여섯 색깔 띠 두르고
고칠회(固七會)의 틀
맘 편히 한판 놀아 보세.

※주: 불교문학(2015.12.18), 제20호 194쪽

태산보다 높겠나

금산!
지금 퇴근길
서울은 비가 내린다

아 태산이 높다하되
이 시국보다 높겠느냐
일하는 개미 밟지 마라
무슨 죄가 있느냐
그냥 두세요

광화문 지렁이
몇 토막 나도 살아 있다
밟지 마라 또 오지 마라
땅속에 청진기를 대고 있다
녹음기도 있단다 저 멀리서

메밀꽃 필 무렵
단비가 올 거야
참고 견디면 하늘에서
오로라 번쩍번쩍할 거야
개미 지렁이도 산다.

기쁜 날

기분 좋은 날
서울의 중심인
서울역 계절밥상
주린 배 가득 채워

구인의 웃음이 치솟는
남산자락 후암동 산기슭
명당자리 재벌가 저택이
한 눈꺼풀에 보이는 곳이라

아 아름답다 기름진 저택
어어랑 상사디야 메아리 소리
2017년 지하철 승강장 게시
공모전 당선작 축하하는 날.

할머니의 도시락

홀로 사는 할머니
창문에 그림을 그린다

오늘은 누구의 손으로
주린 배를 채워줄까

그 사람의 발걸음
털벅털벅 각인되어
그 시간에 대문을 연다

주름진 웃음꽃
등 굽은 인사
도시락 꽃 피운다.

※주 : 샘터문학 청록빛 사랑 속으로(2018.07.28), 3호 45쪽

숨겨둔 장미꽃

일상의 장미꽃
오늘은 어제보다
아름다운 그대는
하얀 마음 천사의 꽃

가슴에 심어도
뜨거운 점액 펌프로
건네주는 수줍어하는 손
그대는 붉은 장미꽃처럼
아름다운 맵시가 사랑이다

밤이면 밤마다
반짝이는 장미꽃
희미한 가로등 불빛
가시 없는 꽃이 되어

안기어도 그만
그대의 가슴 장작불
달집 타는 불꽃처럼
소지 태워 두 손 모아
풀빛이슬 그리움만 모은다.

※주 : 문학세계(2016.03.20), 2016년 4월호 통권 제261호 48쪽

억새꽃 연인

월드컵경기장
하늘공원 오르다
꼬불꼬불한 나무계단
오르는 힘을 보태어 준다

오를수록 숨 가쁜
한 계단 두 계단 올라
억새의 하얀 꽃
콩닥콩닥 숨긴 뒤통수 연인들

하늘처럼 높은 꿈
억새밭 사이 거닐면
푸른 꿈 꽃잎에 새기며
가족상을 그려 또다시
새로 핀 억새꽃 찾는다.

※주 : 다온문예(2019.11.02), 제13호 가을시 모음 13쪽, 초대 시인의 시 65쪽

달동네의 벽화

으슥한 달동네
오목조목한 불빛
벽화는 말이 없다

별들은 길동무
길잡이 친구로
달은 바다를 끌어 올린다

담벼락 벽화는
물고기의 천국
뛰놀다 다이빙 한다

달동네 모퉁이
화필에 웃음꽃
이웃사촌 바라보고 있다.

※주 : 한강문학(2016.04.10), 통권 제6호 2016년 봄호 49쪽
보리피리(2016.07.18), 2016년 5호 84쪽
중국 동북아신문(2019.02.08) 보도

눈 오는 날 까치집

하얀 눈 펄펄
오는 날 해 질 녘
응봉산 함박눈으로
갈아입고 연인들 오가는
발걸음을 보고 있다

아까시나무 낭랑 꼭지
하얀 띠 두른 까치집
입김을 내뿜는 사랑
왠지 씁쓸하고 외로워
사랑 펴즐 꿈꾸는 소리
귓전에 매매 울린다

못다 한 사랑
까치의 사랑처럼
톡톡 튀는 사랑
이 땅에 씨앗 뿌려
삶을 누리는 그 날의
푸른 까치집 되리라.

*시작노트

입춘도 지나고 우수도 지났는데도
함박눈이 하루 종이 펄펄 내렸다
해 질 녘 응봉산 올랐다
산은 하얀 옷을 입고 있었다
나무도 하얀 옷 입고
고요하게 있었다
낭랑 꼭지 까치집 둥지
눈바람 불어도 서로 탓하지 않고
의좋게 다독거리는 까치처럼 사는
세상 되었으면 한다.

※주 : 한국창작문학(2016.05.20), 제3호 2016년 여름호 140쪽
나눔문학(2018.04.15), 2018 봄호 통권 제18호 131쪽

카톡사랑

님 그리워하는
하얀 마음 이제야
눈물방울 떨어지는
카카오톡 화면
촉촉이 맺힌 이슬방울

옷매무새 아롱거리는
당신의 손금 깊숙이
새겨보는 역겨운 심정
손바닥을 헤아려 보는
돌고 도는 시곗바늘 님.

※주 : 시와창작(2016.06.27), 2016년 여름 5호(통권 29호) 70쪽
청계문학(2016.09.10), 14집 2016 가을호 24쪽

짜장면타령

아이고머니
하늬바람 겨드랑 끼고
나풀나풀 앉는 메아리
카카오톡 써프라이즈
새벽마다 가슴 쪼인
짜장면타령 왠 말인가

큰손 큰마음
솜씨 자랑 맛 자랑
금메달 목에 걸었던가
밤꽃 흐드러지게 필 때
휴지부를 쿵 찍어볼까
인혜 강월 짜장면타령

물만두 한 접시
하얀 원고지 펼쳐 놓고
어름사니 외출 상모
한국시사랑문학회 글방
으뜸가는 서정리 축으로
에에라 짜장면 상사디야.

※주 : 청계문학(2015.09.20), 가을호 통권 제10호 28쪽
불교문학(2015.12.18), 제20호 192쪽

상담 멘토

한국적성찾기
국민실천본부는
학교장 정년퇴임한
십여 명의 한뜻으로
창립한 법인단체
자리매김한 봉사

초 · 중등생
타고난 적성 찾는
보람을 갖고 해마다
경연대회로 타고난 끼를
겨루는 날 상담 멘토는
화사한 마음 끼를 본다

문학의 상담실은
문턱이 낮지만 멘토는
별을 찾아 시를 쓴다
기관차 달리는 깃발
청소년 희망의 꿈
가슴에 심어 주는 날.

가을걷이

들녘마다 총총히
황금 익는 가을
먼발치 헛기침 소리
알타리무 뽑으러 간 월수

밭고랑 종종 두 손 모아
속속 뽑아 올린 총각무
자그마한 크기에 모양새는
총각 아랫도리 향기를 낸다

'카톡' 하다
손톱에 상처 났니
"아줌마!
연애하느냐고 무슨 카톡을
그리 하냐고, 그래서
멋진 분이 시를 써 보내
답장 쓴다니 부럽다네요,
회장님!" 아자!!

※주 : 다온문예(2019.11.02), 제13호 초대시인의 시 65쪽

알밤

밤꽃 피면
앙가슴 울렁거린다
모르는 채 살금살금
비린내 향기를 찾는
외로운 여인

아이소리
천둥소리
동네방네 들린다

오늘 밤
알밤 하나 던져요.

화분에 물주기

수서 화분
푸르던 당신의 손
세월이 쌓아 두었던
지난 화분 분갈이
뜬눈으로 지새운다

청량리 화분
햇볕에 쬐여
울긋불긋한 꽃님
오늘은 그대의
물주기로 나선다

장미꽃보다
아름다운 화분 꽃
이리저리 봐도 예쁜 꽃
먹이 찾아 들락날락
물총 오리들 꽥꽥.

그 사람

하얀 얼굴
떠오르는 그 사람
새벽 산 올랐던 그때
번쩍거리는 우레
아득한 시간을 씹어 본다

밥상 앞에
그대의 얼굴
총총히 주워 담은
한 바구니 사랑이
넘쳐흐르는 외로움

산이나 바다는

어머니 가슴에

사뿐히 앉아 속삭이던 시간

어제와 오늘 묻혀

먼 산에서 메아리 울린다.

※주 : 보리피리문학(2017.12.30), 2017년 제8호 '정유년을 빛낸 시인' 초대시 11쪽

조기청소

천마산 기슭
아담한 꿈의 전당
근무 시절 방학 때
반별 편성하여 인근의
송도해수욕 밀려온 쓰레기
하얀 모래사장 몸살 난다

하얀 파도 쏴
밀어붙이는 해초
산더미처럼 모여든다
삶을 바다 물결에 더불어
살아가는가 봐 다이빙대
몸 던져 쾌감 즐기는 젊은이

즐비한 여관
줄줄이 손잡고 나와
나란히 바닷가를 걷는 모습
학생의 눈 부끄럼 없는 연인
씰룩거리며 걷는 꼴불견
눈살 찌푸리는 모래사장 천국이여.

※주 : 보리피리(2016.07.18), 2016년 제5호 83쪽

원고

원고야 원고야 날아라
원고야 원고야 날아와
오다가다 잠들면 안 돼
가슴 조인 창간호는 당신의
붓을 기다리고 있단다

황톳길 좋아해도 돌고 돌아
맑은 뇌 씻어 촘촘보다는
들쭉날쭉이 읽기에 좋다네
깨알보다는 자갈밭이 좋다네
한 자루에 담아 형제가 되자.

까치 소리

오늘 아침 까치 소리
먼 타국 호텔에서
여행가방 챙기는 소리
여기까지 들린다
빠뜨린 것 없는지
다시 챙겨 보는 소리
귓전을 맴돈다

여의주 옥구슬
푸성귀도 좋아요
한 걸음부터 백 걸음
창창한 하늘 구름에서
빈 원고지가 아니겠지

조심조심
우리 금수강산
발 디디는 시간에
박수를 보냅니다.

※주 : 불교문학(2016.04.25), 제21호 196쪽

메르스는 죽는다

너는 누구냐
어디서 왔느냐
언제 왔느냐
누구의 몸에 붙어 왔느냐

중동에서 낙타를 타고
뛰놀다가 사람 그리워
신종 바이러스 '메르스'
온 나라를 휘어 감는다

금수강산 녹음방초
온통 그놈의 정체
마스크로 입 막고
숨조차 버겁다.

※주: 청계문학(2015.12.10), 통권 제11호(겨울호) 20쪽
불교문학(2015.12.18), 제20호 193쪽

상도의 촬영지

경천대 깎아지른
절벽 아래 굽이굽이
흐르는 낙동강물

선창을 만들어 놓고
상인들의 물물 실어
나르는 상도의 이름으로

안방에서 즐겁게 보는 드라마
촬영지라 관광객 찾아드는
명소의 관광지가 되었다.

가을 서시

가을이면 하늬바람에
흔들리는 마음 가득하다

산이나 들에는 황금빛
넉넉한 가마니에 담는다

곳간마다 차곡차곡
쌓이는 사랑이 그립다

마른 나뭇가지 앉은
산새들 기쁜 소식 전한다.

※주: 대산문학(2020.01.04), 2020년 1월 창간호 116쪽

제 5부
부록
『嘉山으로 가는 길』
- 시심을 익히며 -

논두렁 콩

오월의 따스한 태양이
대지의 가슴을 연다

푸른 파도 하늘까지 이어질 때
어머니는 메주콩 심는다고
논두렁 총총히 구멍을 내셨다

그 속에 한 알 두 알 사랑을 심었고
그 나약한 새싹은 엊그제 비 온 뒤
떡잎으로 자랐다

제법 어엿한 터전을 잡아
생동의 눈빛 내쏟을 때
보리밭 꺼병이 소리에 놀라
함초롬히 고개를 숙이고 말았지

그래도 햇살은 기쁜 마음으로
가슴을 펴고 얼어붙은 마음 녹여
논배미마다 익어가는 어머니 사랑
정성으로 가득 채워 주는구나

잎은 떨어지고 야윈 몸체
주렁주렁 사랑이 영글 때
다시 그리워지는 어머니의 얼굴
이제는 어디서 볼 수가 있을까.

굴레 벗은 산

거리의 인산인해
숨 가쁜 날들
헤아려 봅니다

숨었던 날
잡혔던 날
묶였던 날

못다 핀 꽃봉오리
가슴 속 깊이 활짝 피어
꽃이슬 방울 되어

약수터 아래 청기와
봄기운 찾은 인왕산
온 누리 퍼져라

아니라 뛰고도 싶다

오르고 또 올라도

굴레가 없어 숨을 쉰다

가슴을 펴고

날고만 싶다.

사월의 대운산

대운산 기슭 봄은 가득
산심은 님 기다리고 있고
님께선 남근암 합장 기도드리고

계곡의 폭포수에 앉은 청아의 님은
원효의 길을 따라 속삭이는 마음
분디의 잎 따서 품안 간직하고
간직한 돌미나리 모든 것 님께 바쳐
따스한 마음으로 님 기다린다

옛 살던 고가는 시대 따라
빨간색 이층으로 단장되어 있건만
아낙네 베푼 마음 예전과 변함이 없다

상촌리 양달산 진달래꽃
한 아름 꺾어서 눈 이슬 담아
님께 두 손 모아 드리고서
씁쓸한 마음으로 님과 함께
남창 울려 놓고 훌쩍 떠난 님.

※주 : 남창(南倉): 울산광역시 울주군 온양면 남창리에 있는 마을 이름

청운의 마음

산 높고 물 좋은
벽방산 기슭
경건한 와가(瓦家)는 거목에 싸여
오솔길 바위에 앉아 상념에 젖어
인적은 잠잠하고 산심(山心)은 유적하네

와가에 중생을 달래는 불경 소리
심금을 울리고 방편을 인도하네
땀이 삼베적삼 젖도록
기도하는 모습 가련하다

바위 하나 넘어지면
큰 사람 탄생한다는
유서한 전설의 은봉암
일곱 바위 중 남은 바위
오로지 대인을 기다리고 있네

시주 걸립한 마른 고무마

오는 사람마다

깨는 소리 산울림 되어

성전의 의상암은 만공산이로다.

소원

오늘은 해가 뜨기 전
산에 올라야지

떠오른 해를 보며
한 가지 소원을 말해야지

산에 오르면
가슴이 뿌듯하고

꽃 중에
목화 꽃 생각하고

산에 오르면
초가지붕 위
하얀 박꽃 아름다워

청솔가지 연기
정성 담긴 막걸리
한 잔 생각하고

이제 떠오르는 해 보고
한 가지 소원을 빌어야지.

절영도

푸른 하늘
푸른 바다 사이

봉래산 청운의 정기를 받아
우뚝 자리 잡은 터

힘차게 치솟는 파도 소리
저 넓은 우주를 향해
금방이라도 개척할 듯

너의 모습에 온 세상이
절영의 아름다움

유구한 세월
삼키려는 노도
심혼을 다한 영도

너의 몸부림
넓은 웅지를 펴기 위해

오늘까지 잉태 하였지만
인산의 아파트
절영을 변신시켜 놓으며
태종의 령(靈)이 찾을 수가 있을까.

오수의 사모곡

오수에 취해 눈을 감고 있을 적에
어디서 멜로디가 귀를 스치운다
영혼의 멜로디는 내 가슴 속 깊이

왕복표 없는 곳에 드리고 싶어도
목메어 불러 봐도 대답이 없건만
불러도 불러도 또 마음껏 불러도
아득한 반세기 세월 흘러 흘러도

브레크 있어 못 가는 거 아닐 텐데
아직도 잠에서 깨어나지 못하시고
영원히 곱다랗게 누워 계신 곳은

자연은 같건만 영역이 없는 곳에
금으로 타는 오수의 즐거운 울림
어느새 잠에 깨어 오수의 사모곡.

※주 : 가로 13자, 세로 13줄

칠오동우

비바리 구쟁기 따아서 구덕에 담아
하르방 드리어 지극한 효심을 받아
구둘에 앉아서 어머니 상념에 젖어
오라방 두린애 앞세워 이어도 사나
가쟁이 꺾어서 해가림 칠오년 팔월
날봅서 세월은 잠자지 않으리 어망
하방망 되어도 남쪽의 연인들 칠오

천마산 기슭에 아담한 정기를 받아
한아름 터전에 젊음의 청운을 던져
희망찬 해지를 바라본 건아들 이여
성취한 일위를 영원히 빛날이 송도
칠오년 팔월이 광복의 삼십년 제주
이십년 기념을 구오년 제주도 일월
마음도 하나로 뜻이도 하나로 칠오.

※주 : 가로 14자 * 세로 14줄. 정방형

기다림

오늘도 기다림에
밤이 깊어 가면 갈수록
뜬눈으로
새벽을 기다린다

우리 누님 같은
우리 어머니 같은 마음
거리로 밀물져 나오고
새로 맞이하고 싶은 갈등

기다림은 또 얼마나
사람을 야위게 하는가
알 수 없는 울분이
화산처럼 터진다

적막과 갈등에 시달려

휘우뚱 거리 다가

하염없는 발걸음으로

빈손으로 나선다.

나를 달래주는 기다림

지나친 나의 욕망
시류를 원망하지 않지

오늘의 일손 놓아
땅거미 앞을 가려 집으로
반가운 이는 어디에 있고

정담을 나눈 이는 멀리 두고
포근한 이불 속에 내 육체를 던져 놓고
홀로의 상념에 젖어 그만 공간으로

나무대문 걸쇠 되어
밤늦게 다닐 줄 아는 요즘 사람
어디선가 부르는 소리가
반갑기 한이 없어
나무대문 걸쇠 풀어 두어도

당신은 오지 않고 무심하여도

그래도 나는 좋아

유일한 나를 달래 주는 기다림.

환상

사늘한 가로수
희미한 가로등
불빛 아래

하염없는 삶을 위하여
심적으로 깊숙이
활력소를 일으킨다

황홀한 정체에 묻혀
율동은 음악으로
환상을 현실로

따스함은
포근한 마음으로
나눌수록 커진다.

정월 대보름

새벽을 엽니다
해와 희망이 뜹니다
대지가 움직입니다

차례 상에 오곡이 모였습니다
나물은 산나물 들나물 많았습니다
벼 짚과 실-패는 자손의 번창과 수명
귀밝이술 복조리는 귀의 청명과 행운

차례를 이어 귀밝이술 한 잔 하고
아주까리 잎사귀에 오곡 쌈밥 먹고
뒤안간에 새 쫓으러 나선다
후야 ~ 후야 ~

올해도 우리 집 큰 일꾼은 마구간
오곡밥과 나물을 열심히 먹고 있네
동이 트며 지게를 지고 괭이는 어깨
가는 길 어서 가자 이라 어서 가자

오늘은 열 번 먹고 열 번 일한다
어른의 말씀 귀에 정성 담아
올해는 바다와 같은 해
올해는 하늘과 같은 해.

농촌의 정다움

양달의 뫼 아래
죽림에 싸여진 터에 태어나
논밭을 벗삼아 일하고
머나먼 길 떠나
오늘의 이 길 서

진달래꽃 꺾었던 시절
보리타작 도리깨 노래
겹마당의 탈곡기 노래
정미소의 우렁찬 소리
햇송아지 탄생한 소리

앞마당 양지 바른 우리
행복의 삶 외치는 햇병아리
이제야 스쳐 가는 것은 아니지만
세월은 강산을 변모시키는
인간의 속성은 변하지 않는다.

도시의 비둘기

떠나라 날아라
더 높이 날아라
해맑은 곳으로
끝없이 날아라

출근길 만나는
너희와 나와는
아스팔트
모이를 찾는 비둘기

세 가락도 있고
두 가락도 있고
한 가락도 있는
영 가락도 있네

너만이 아니군
도시는 웬일인지
홍수와 같은 장애물
그래서 싫어.

가을 향기

맑고 푸른 하늘이
우리를
저 머언 곳으로
달리게 하고
단풍도 곱게
물들어 물들어서
이제
깊은 가을입니다

국향(菊香) 은은한
교정(校庭)은
삶의 오탁(汚濁) 씻어 내어
우리를 한결
정갈히 해 줄 것입니다

바쁘신 일상 속에서

잠시 틈을 내어

저희들과 함께

가을 향기 속에 푹 빠져봅시다.

숲 속의 연인

새벽길 등산에 오른다
호박죽 거리의 손을 잡고
장단에 맞추어 걷는 속삭임
다정한 모습 보이지만
어색하지 않다

사랑도 등산도 좋지만
타인의 의식도 하지 않고
의도된 모습의 이목을 끄네
체조장 뛰는 자유 연인
아름답기도 하다

숲 속의 정체는 자연스러워
다람쥐 스치는 줄도 모르네
도토리 구르는 줄도 모르네
보리밥 시래깃국 해장하는 걸
다정하기도 하다.

산수(山樹)의 정다움

해맑은 공기와 넓은 해지
바라본 구봉산의 체육공원
밤사이 함박 젖은 산수
오가는 길손 아는지 모르는지
반갑게 무언 인사하는 소리

건강은 인생의 즐거움 원천인가 봐
맘대로 손뼉치고 뛰고 흔드는 모습
젊음의 아름다운 노부부의 아름다움
산수의 몸체에 정미 느낀 활력
노정의 삶이 체육장

남녀의 자유로운 이 터
어진일 맞이하는 산수의 온정
천지의 요동은 이들 합체가 되어
노년 이룰 때까지
만인의 이 터 누가 지키리.

늘 보고 싶은 든든한 열 기둥

새 즈믄 해 정월 스무날
여명을 따라 강서 들녘으로 나섭니다

하얀 구름 타고 바다 건너
탐라의 옛 성지 찾아
탐방하지만
두고 온 님 가슴 품에 둡니다

백록담 연지에 정좌하여
엄광산 자락 주례 뭇 정담 나눌 적
스쳐 가는 당신 흔적 잊지 않겠습니다

뿌리 깊은 든든한 열 기둥
세기의 빛을 냅니다

든든한 열 기둥이여
주례의 큰 꿈 일천육백삼 명을 잊으시렵니까
애먹었던 일들만
훌훌 털고 오지 않으시렵니까

뜨거운 차 나누며
영원히 잊지 못할 추억 많이 심어
먼 훗날 고담(古談) 되어 주소서.

아쉬운 마음

동참 못한 것이 아쉽습니다
긴 방학 반납하고 학생지도 열과 성을
다한 모습
귀감이 됩니다

든든한 선생님
오늘은 즐거운 날
오늘은 즐겁게 하는 날
오늘은 훌훌 터는 날

생각수록 허무한 세월
하지만 푸른 눈동자
왜 당신 잊으려 하겠습니까

섭섭했던 일들만
훌훌 털고 오지 않으시렵니까
주례의 큰 꿈 일천육백삼 명 잊으시렵니까

우리 술 막걸리 드시며
엄광산 자락 주례의 뭇 정담 나누어
영원히 잊지 못할 추억 많이 심어
먼 훗날 고담(古談)되어 주소서
새 즈믄 해 정월 스무날.

떠나시는 님

새 즈믄 해 이월 스무사흗날
엄광산 자락 새들이 모여
영특하게 울어댑니다

어느 사이 느닷없이 교단 떠나시니
우리에게
홀연히 다가온 안타까움
마지막으로 주례여고
손길발길 남기고 퇴임하시니

두고두고 기억될 보람들
당신의 그림자 많이 심어 놓아
주례의 큰 꿈 일천육백사 명은
당신이 스쳐간 흔적 가슴 품에 담을 것입니다

우리 일흔 넷 동지는 당신이 떠난 자리
눈과 마음으로 앉아 볼 것입니다

배광두 형! 추교국 아우님!

당신의 넉넉한 가슴

타고난 성품에

자란 큰 꿈

세기를 빛낼 뜻 품고 영글 것입니다

엄광산자락 나무들이 활개치며 자라는 날

당신이 심어 놓은 씨알

먼 훗날 기둥이 되어 든든할 것입니다

엄광산 새소리 들으시며

남은 생애 행복 누리소서

오래 오래 건강하소서.

떠나시려는 님

님
아직은
떠나야 할 때가 아닌데
어디로 가시려 합니까
무엇을 하려고 가시려 합니까
왜 가셔야 합니까
정녕 떠나야 할 때입니까

아쉽게 남는 미련
지난 일이 원망스럽기도 하겠지만
이렇게 떠날 것을
어느 날 결심하여
우리만 남겨두려 합니까

님

마지막 눈길 손길

엄광산 자락 주례여고

남겨 두시고

떠나시려 합니까

함께할

내일은 아직 남았는데

오늘은 향기로운 날이 되어

주례동산에 씨앗 뿌려 놓은

훗날 거두러 오시기를 바랍니다.

※주 : 김기태, 황정식, 장영숙, 박명옥, 유석용, 문임선 선생님 보내면서
서병진 수상집, 嘉山으로 가는 길(2003.08.16), 43쪽

국화 옆에서

한 송이 국화꽃 피우기 위해
이른 봄부터 비지땀 흘러
오늘 이 한곳 정성 모아 기다린다

키 큰 국화
작은 국화
노랑 빨강 파랑 흰 국화

티 없는 소녀처럼 청순해
꽃잎 하나하나
아름다운 그 모습
당신 기다리는 마음

엄광산 자락
내 뿜는 젊음의 기상
힘 모아 주례인 영원하리

엄광산 자락
내 뿜는 그윽한 향기
주례여고 영원하리

생명력 뿜는 그 기력
창공을 향하는 나비들
내 미움 꽃잎에 담아
당신과 함께 간직하리라.

선송(先頌, 선소리)

오리숲 찾아가면 신록이 반짝이고
산새도 우릴 맞아 즐거워서 노래한다
숲 사이 아늑한 집 저 집이 뉘 집인가
주례 명당 천 년 만 년 우리의 학원일레

북(北)을 보니 백양 쌍봉 제패 우리 기상
만리 장공 푸른 하늘 우리 깃발일레

오리숲 벗어나니 산의 경영 수풀궁궐
산딸기 칡넝쿨들 골골마다 풀어놨네

저 아래 사철길은 누가 거닐 오솔길
가만히 헤어보니 주례 여인 다솜길세

마사길 익은 길에 언덕 훌쩍 넘어서니
두릅밭 애기들이 손 저어 환영하고
진달래 뒤를 이어 철쭉 마중 오네

얼쑤절쑤 우리 동산 산닭 뫼새 풀어 놓고
철따라 진미산채 숲 속마다 심겨 놨네

포전 언덕 올라서니 향긋한 송뢰 소리
그윽한 송림길 문득 고향 앞서 가네

심은 묘목 감나무 대추나무 자라서
훗날 열매 풍성하여 그윽한 향기 마시며
우리의 모습 비추어 주는 옹달샘(노리샘) 앉아
우리의 손길 발길 씨알이 되도록

엄광산 넘어 낙동강물 김해 들판
아득히 바라보니 풍요를 불러오네

얼시구 좋을시고 우리 학교 주례 동산
올려 보니 엄광 번쩍 소지를 일깨우네

물 좋은 냉정(冷井) 동네 소문났네
원정(元井)은 우리 동산의 용정(龍井)이라네
주례학당에서 용이 나와 천하를 거느리세

이곳 명당 학문 연마 제 못하면 한이 될 터
발바닥이 그물 되고 몽당다리 될 때까지
철 따라 산을 배워 후세 위한 일하세
배움 본 바탕 자연 밖에 또 있는가
무궁무진 진리 동산 함께 일궈 가꿔보세.

※주 : 주례여고 산책길 개통하는 날(2001.4.12.)

교훈석(校訓石)을 세우다

연일 계속되는 매서운 한파는
겨울 깊게 와 닿아
있다는 것 느끼게 한다

엄광산
따사한 가슴마저
차가운 바람 휘둘려
삶을 찬찬히 돌아볼
겨를도 없나 보다

이러한 계절에
우리는
온전한 삶을 교육하고자 하는
올곧고 굳건한 마음으로
변함없이 오늘과 또 내일을
살아가고자 한다

아침 햇살이 활활 타오르는
웅비의 교사(校舍) 진리탐구와 재능을
다목적으로 연마하는 목련관(木蓮館)
언제나 마르지 않는 용정(龍井)샘

자연을 벗하는 자연학습원
학로정(學老亭)과 노리샘
자연을 학습하는 야외학습장의
교수정(教授亭)과 디딜방아
자연을 만끽하는 우리의
쉼터와 지무시 산책길

뿌리 깊게 자리 잡은
주례학당(周禮學堂)
형설 공을 갈고 닦은 보석같이
찬란하여 21세기 주도하는
주례인(周禮人) 되도록

우리의 교훈인 자율 · 협동 · 경애
옥석에 새겨 한 학생 두 학생
일천이백육십오 명의 얼을 담아
이천이년 십이월 금요일 오후 세시
우리의 교정에 교훈석을 세우다.

※주 : 교훈석의 제원
재질 : 화강암
높이 : 3.6m
폭 : 2.2m
두께 : 55㎝
무게 : 11,000㎏(11톤)
출처 : 주례여자고등학교 목련관 신축 기초 공사 때 출토

서병진 수상집, 嘉山으로 가는 길(2003.08.16), 39쪽

J 타임캡슐

엄광산 기슭에
뿌리 깊게 자리 잡은
주례여고(周禮女高)는

그 어느 때보다
미래와 희망을 맘껏 보여준
올해는 아름다운 학교
즐거운 학교를 만들기 위해
전 교직원과 학생들이 하나가 되어

오늘도 또 내일도 변함없는
형설의 공을 갈고 또 갈고 닦아
미래의 세계를 주도하는
인재육성에 매진해

교육인적자원부로부터
영재교육연구학교 지정 받아
이년간 연구한 연구성과 보고회
성황리 가졌고

자율 · 협동 · 경애의 교훈을
옥석에 새겨
주례학도(周禮學徒)의 얼을 담아
세기에 빛나도록 교훈석(校訓石)을 세웠으며

학교의 교정도
자연과 함께 하는
봄 여름 가을 겨울의 정경이 흐르는
아름다운 주례동산 팔경을 조성하였다

이제 2002년의 뜻 깊은 날들
책갈피에 하나씩 담고 또
그 여운 모아 하나 담고 또
그 여운들을 모아
이곳에 깊게 심는다.

※주 : J는 주례여자고등학교를 뜻함
서병진 수상집, 嘉山으로 가는 길(2003.08.16), 41쪽

가산(嘉山) 서병진(徐炳辰) 시인 연보

출 생

· 1941년 경남 고성군 삼산면 판곡리 239번지에서 부(父) 달성공 서필수, 모(母) 밀량 박씨 박재금 부모에서 8남매 (형 3명 누이 4명) 중 여덟째로 판서공파 23대손 태어났음(음력 1941년 2월 5일, 호적 1941년 7월 6일)

· 배우자 의령 남씨 남순일 결혼하여 2남(정우, 정민) 1녀 (정화)를 두었음.

· 서울특별시 중구 동호로8길 42-1 약수동 거주

학 력

· 1954년 3월 23일 : 삼곡초등학교 졸업(폐교)
· 1957년 3월 25일 : 고성중학교 졸업
· 1960년 3월 3일 : 고성농업고등학교 졸업(現 경남항공고등학교)
· 1967년 2월 25일 : 동아대학교 수학과 졸업
· 1986년 8월 30일 : 동아대학교 교육대학원 졸업

자격증

· 1961년 4월 30일 : 초등학교 준교사(국어, 교육학, 사회, 음악, 체육, 미술, 실과) 합격
· 1967년 2월 25일 : 중등학교 2정 수학교사
· 1972년 9월 16일 : 중등학교 1정 수학교사
· 1973년 9월 24일 : 중등학교 교도교사
· 1990년 5월 25일 : 중등학교 2정 교육학교사
· 1985년 9월 15일 : 중등학교 교감
· 1989년 8월 15일 : 자동차운전면허증 1종 보통
· 1997년 8월 20일 : 중등학교 교장

교육경력

· 1966년 12월 1일 : 동아공업고등학교 교사
· 1967년 3월 10일 : 금성고등학교 교사
· 1968년 8월 6일 : 송도중학교 부장교사

메 모, 약 도

도서출판 **지능,신기교육**

도서총판 **보 람, 북**

터넷 : www.borambook.co.kr
메일 : boram@borambook.co.kr
소 : 서울 · 금천구 독산3동 901-9
화 : 856-4983, 854-7130
스 : 856-4984 전화 : 2692-7929
드폰 : 010-5250-7130

메 모, 약 도

강남 삼성　159-9
신원봉 차장 장
綱 응016-741-
9109

도서출판 지능,신기교육
도서총판 보 람, 북
인터넷 : www.borambook.co.kr
메일 : boram@borambook.co.kr
소 : 서울 · 금천구 독산3동 901-9
화 : 856-4983, 854-7130
스 : 856-4984 전화:2692-7929
폰 : 010-5250-7130

· 1990년 5월 20일 : 교육부 교육전문직 공채시험 12명 합격 중 수석합격
· 1991년 3월 1일 : 교육부 국립교육평가원 교육연구사
· 1993년 9월 1일 : 부산광역시교육청 기획감사담당관실 장학사 겸 감사관
· 1995년 9월 1일 : 영도여자고등학교 교감(부산시교육감)
· 1999년 9월 1일 : 중등학교장 임명장(대통령)

· 1999년 9월 1일 : 주례여자고등학교 교장(부산광역시교육감)
· 2003년 8월 31일 : 주례여자고등학교 교장 정년퇴임(대통령)

교육상훈
· 1971년 12월 5일 : 국민교육헌장 실천모범교원 표창(부산광역시교육감)
· 1975년 2월 5일 : 불우한 이웃돕기 모범교원 표창(부산광역시교육감)
· 1982년 5월 25일 : 모범반상회운영 표창(부산광역시장)
· 1983년 12월 21일 : 모범교원 교육실천사례연구논

문 우수상(부산광역시 교육감)

· 1984년 11월 16일 : 제2회 현장교육연구 논문 우수상(부산광역시교육회장)

· 1984년 12월 31일 : 생활지도유공자표창(부산광역시서부교육장)

· 1985년 9월 24일 : 제3회 현장교육연구 논문 우수상(부산광역시교육회장)

· 1987년 9월 24일 : 제5회 현장교육연구 논문 푸른기장증 수상(부산광역시교육회장)

· 1987년 12월 5일 : 국민교육헌장 실천모범교원 표창(교육부장관)

· 1988년 6월 8일 : 카운슬러 유공자 공로패(한국카운슬러협회 부산지회장)

· 1997년 12월 20일 : 교육부 지정 생활지도 연구시범학교운영 공로표창(부산광역시교육감)

· 1999년 5월 12일 : 제18회 스승의 날 연공상 표창(부산광역시 교원단체연합회장)

· 1999년 10월 28일 : 제80회 전국체육대회 유공자 상패(부산광역시장)

· 2000년 3월 23일 : 부산광역시 체육문화발전 유공자 공로패(부산광역시 사이클경기연맹회장)

· 2000년 5월 15일 : 제19회 스승의 날 연공상 표창

(한국교원단체연합회장)

· 2002년 12월 30일 : 제83회 전국체육대회 유공자 표창패(부산광역시장)

· 2003년 5월 16일 : 부산광역시 체육문화발전 유공자 감사패(부산광역시 사이클경기연맹회장)

· 2003년 8월 28일 : 훈장증 제03-4178호 청소년 홍익장(한국청소년연맹 총재)

· 2003년 8월 28일 : 훈장증 제25205호 국민훈장 녹조근정훈장(대통령)

연구논문

· 1983년 12월 21일 : 모범교원교육실천사례연구(1983 교원교육실천사례 84쪽 눈으로 말하는 사랑, 부산시교육연구원 1984.2.14 발행)

· 1984년 7월 30일 : 유형별 발문방법이 수학과 탐구력신장에 미치는 영향

· 1985년 7월 30일 : 방정식해법능력을 높이기 위한 알고리즘의 개발적용

· 1985년 10월 6일 : 등식 · 부등식을 통한 문제해결력 지도방안

· 1986년 8월 10일 : 가치명료화지도가 자기존중감 및 동조성에 미치는 영향

· 1987년 7월 25일 : 가치명료화지도가 자아정체감 형성에 미치는 영향

· 1991년 12월 20일 : 대학수학능력시험 1차 실험평가연구
· 1992년 4월 10일 : 대학입학학력고사 출제문항 분석연구
· 1992년 6월 18일 : 대학수학능력시험 2차 실험평가연구
· 1992년 10월 21일 : 대학입학학력고사 출제문항 분석연구
· 1992년 12월 10일 : 대학수학능력시험 준비 문제집 평가연구
· 1993년 5월 26일 : 대학수학능력시험 3차 실험평가연구

침구학 연구

· 1976년 8월 10일 : 영귀침법, 기문침법 수료증(한국침술연합회 카 제5487호)
· 1976년 9월 4일 : 전기침 및 피내침법 현대침구임상학술 및 실기 과정 연수 수료증(한국특종침구학회 학술원 제225호)
· 1976년 9월 4일 : 고전침구학 수료증(한국특종침구학회 학술원 제325호)
· 1976년 9월 4일 : 지도위원 위촉(한국특종침구학회 제325호)
· 1980년 12월 30일 : 현대침구이론학술발전에 위한 감

사장(한국특종침구학회 학술원)

· 1981년 12월 10일 : 해부학 생리학 병리학 위생학 침구학 진단학 임상학 전과목 이수 수료증 (학국침술연합회 카 제5487호)

· 1983년 3월 27일 : 봉침의 현대침구임상학술 및 실기 과정연수 수료증(한국특종침구학회 학술원)

· 1989년 1월 23일 : 침구사제도부활 추진위원 임명장 (대한침구인협회 제4487호)

문학 · 사회활동

· 1975년 8월 30일 : 75동우, 논두렁 콩, 만족의 포효, 기다림, 정월대보름 발표

· 2005년 6월 17일 : 재경삼산면향우회 창립

· 2006년 6월 17일 : 재경삼산면향우회장

· 2005년 7월 26일 : 시와 수필 시부문 작품발표

· 2007년 7월 3일 : 한국문인협회원

· 2007년 7월 7일 : 서울문학상 심사위원

· 2007년 7월 7일 : 서울문학문인회지도 위원

· 2007년 8월 21일 : 한국문인협회 종로지부 감사

· 2009년 5월 11일 : 국제펜클럽 한국본부 회원

· 2009년 9월 30일 : 한국문인산악회원

· 2009년 12월 1일 : 대장경천년세계문화축전조직위

원회 위원

· 2009년 12월 22일 : 재경고성문인협회창립
· 2010년 1월 12일 : 재경고성중학교 동문회 고문
· 2010년 3월 1일 : 한국현대시인협회 중앙위원
· 2010년 4월 15일 : 한국현대시인협회원
· 2010년 4월 23일 : 한국육필문예보존회 이사
· 2010년 4월 23일 : 한국육필문예연감편찬위원
· 2010년 12월 1일 : 한국시문학아카데미회원
· 2011년 3월 6일 : 한국시사랑문학회창립회장
· 2011년 3월 16일 : 한국문인협회 남북문학교류위원회 위원
· 2011년 8월 4일 : '그리움이여' 작사 취입('고성 그리고 그리움' 테이프 5번, 국제레코드사)
· 2011년 9월 10일 : 한국적성찾기국민실천본부 위원장
· 2011년 10월 31일 : 타고난적성찾기국민실천본부 홍보위원장
· 2012년 1월 1일 : 한국현대시인협회 이사
· 2012년 1월 12일 : 한국문인협회종로지부 감사
· 2012년 5월 25일 : 한국문예학술저작권협회원
· 2012년 7월 1일 : 청계문학상 심사위원
· 2013년 2월 20일 : 한국문학신문 편집위원
· 2013년 2월 20일 : 한국문학신문 칼럼리스트
· 2013년 8월 30일 : 시집『세월 속에서 꽃은 핀다』

출판기념회(서울시 중구 구민회관 강당)

· 2013년 10월 5일 : 한국육필문예보존회 지도위원
· 2014년 1월 1일 : 한국문예춘추 고문
· 2014년 1월 1일 : 한국국보문학회 자문위원
· 2014년 1월 1일 : 불교문학 고문
· 2014년 1월 1일 : 불교문학상 심사위원
· 2014년 1월 1일 : 청계문학 고문
· 2014년 2월 27일 : 환경문학 고문
· 2014년 2월 27일 : 환경문학상 심사위원
· 2014년 8월 1일 : 한국국보문학 권두언 8월호 통권72호 2쪽
· 2014년 8월 20일 : 청계문학 제6호 여름호 권두언 12쪽
· 2014년 12월 1일 : 한국국보문학 권두언 2월호 통권 76호 2쪽
· 2015년 1월 1일 : 재경고성문인협회 회장
· 2015년 1월 1일 : 재경고성군향우회 고문
· 2015년 3월 20일 : 청계문학 권두언 통권 제8호 12쪽
· 2015년 3월 31일 : 서울교육멘토 교육기부단 단원(서울시교육감)
· 2015년 4월 25일 : 한국문예춘추문학상 심사위원
· 2015년 6월 1일 : 월간 한국국보문학상 심사위원

· 2015년 6월 1일 : 월간 한국국보문학 고문
· 2015년 9월 15일 : 재경고성인 65년 발자취 발간 추진위원장
· 2016년 2월 17일 : 한글학회 회원
· 2016년 3월 16일 : 한국현대시인협회 지도위원
· 2016년 3월 20일 : 율곡문화예술원 자문위원
· 2016년 8월 1일 : '고성찬가' 녹음 · 취입(작사 서병진 작곡 정원수)
· 2016년 12월 16일 : '고성찬가' 작사(재경고성인 65년 발자취 6쪽)
· 2016년 12월 16일 : 자랑스런 고성인으로 재경고성향우회 발전(감사패 고성군수)
· 2016년 12월 26일 : 한하운문학회 고문
· 2017년 2월 18일 : 청암문학작가협회 고문
· 2017년 3월 4일 : 한국창작문학인협회 자문위원
· 2017년 6월 19일 : 제35대 국제펜클럽한국본부 이사(펜한 17-077)
· 2017년 7월 19일 : 다온문예작가회 고문
· 2017년 11월 11일 : 『한국문예』창간호 발행인
· 2017년 12월 9일 : 『한국문예』창간호 출판기념회
· 2017년 12월 17일 : 한국가교문학회 추대장 고문
· 2017년 12월 30일 : 고성향토문화선양회원
· 2018년 1월 1일 : 천등문학회 자문위원
· 2018년 1월 1일 : 천등문학상 심사

· 2018년 11월 11일 :『한국문예』 제2호 발행
· 2018년 12월 1일 : 월간 국보문학 12월호 권두언 통권 124호 2쪽
· 2018년 12월 1일 :『한국문예』 제2호 출판기념회
· 2019년 2월 25일 : 시와창작문학회 고문
· 2019년 4월 24일 : 제2회 해외문학기행(일본)
· 2019년 5월 3일 : 용인시낭송협회 고문(제1911호)
· 2019년 5월 11일 : 서문문학회 창립회장
· 2019년 6월 7일 : 시조집『너른지 메아리』출판기념회(서울시교육청 교수학습지원센터 강당)
· 2019년 10월 24일 : 사단법인 한국가교문학회 고문 추대장
· 2019년 10월 26일 : 제4회 시화전(제2회 월이시화전)
· 2019년 11월 11일 :『한국문예』 제3호 발행

· 2019년 12월 6일 :『한국문예』 제3호 출판기념회(서울시교육청 교수학습지원센터 3층 강당)
· 2020년 2월 6일 : '고성연가' 녹음 · 취입 (작사 서병진 작곡 정원수)

문학상훈

- · 2005년 9월 1일 : 시와 수필문학상 상패
- · 2009년 6월 6일 : 현대시 우수상
- · 2010년 5월 24일 : 21세기 문학세계화 릴케문학상(라이너마리아릴케문학상)
- · 2011년 6월 18일 : 셰익스피어문학상대상
- · 2012년 6월 29일 : 제60주년 학교발전 공로패(송도중학교 초대교장)
- · 2012년 12월 8일 : 세계예술문화상
- · 2012년 12월 8일 : 고려문학상
- · 2012년 12월 20일 : 불교문학대상
- · 2013년 4월 13일 : 자랑스런동문상(경남항공고등학교 총동문회장)
- · 2013년 12월 12일 : 청계문학대상
- · 2014년 11월 20일 : 예초문학예술대상
- · 2015년 11월 28일 : 한국시문학상대상
- · 2017년 7월 29일 : 창작문학상(제2017-02호)
- · 2017년 8월 15일 : 대한민국문화예술명인대전문학부문 명인대상(제2017-07호)
- · 2017년 8월 15일 : 대한민국문화예술명인대전 감사장(지구촌문예본부 제2017-06호)
- · 2017년 8월 24일 : 문화체육공로대상 수상(한국 사회를 빛낸 2017대한민국 충효

문화예술부문대상, 주최; 한국 사회를 빛낸 2017 대한민국 충효 대상 조직위원회, 주관; 대한민국신문기자협회 제2017-08-154호)

· 2017년 9월 9일 : 감사장(북방민족나눔협의회 간도되찾기운동본부. 간도본부 17-07호)

· 2018년 4월 28일 : 간도되찾기운동본부 홍보대사 위촉장(간도본부 제2018 -13호)

· 2018년 5월 10일 : 「문화예술」부문 명인대상 수상(지구촌을 빛낸 대한민국 문화예술 명인대전 경연대회, 사단법인 지구촌문화예재능나눔운동본부 제2018 - 03호)

· 2018년 5월 20일 : 한국문학명인대상 수상(2018자랑스런 대한민국시민대상, 주관 : 대한민국신문기자협회 제 2018-05-107호)

· 2018년 8월 24일 : 한국문학대상 수상(주관 : 대한민국신문기자협회 제 2018-08-208호)

· 2019년 2월 21일 : 한국문학공로대상 수상(주관 대한민국신문기자협회 제 2019

-02-139호)

· 2019년 12월 27일 : 한국시명인대상(한국을 빛낸 인물 빅스타 대상 문학부문 주관: 한국문화예술신문사 제 문화2019-12-44호)

· 2020년 6월 3일 : 한국문학신문 시조문학대상

저 서

· 게 시 :「이파리 없는 나무도 숨은 쉰다」(서울시 지하철스크린도어 2010.5.7)

· 시 비 :「이파리 없는 나무도 숨은 쉰다」(충남보령시 주산면 시와 숲길공원)

· 수필집 :『嘉山으로 가는 길』(2003.8.16)

· 칼럼집 :『세상 이야기』(2017.4.10)

· 시조집 :『너른지 메아리』(2019.4.30)

· 시 집 :『가산(嘉山)으로 가는 길』(2003.8.16),『이파리 없는 나무도 숨은 쉰다』(2010.8.30),『고향은 어머니 강』(2011.10.27),『새벽하늘』(2012.3.16),『찻잔의 향기』(2012.8.16),『고향은 어머니 강 2』(2013.1.16),『이파리 없는 나무도 숨은 쉰다 2』(2013.3.20),『세월 속에서 꽃은 핀다』(2013.8.15),『시간은 흔적을 남긴다』(2015.6.6),『장곡산 메아리』(2020.7.15)

가산(嘉山) 서병진(徐炳辰) 시인

- 1941년 경남 고성 출생, 호는 가산(嘉山)
- 교육부 교육전문직(장학사 · 교육연구사) 공채시험 12명 합격 중 수석합격
- 교육부 · 부산시교육청 장학사 및 감사관 · 영도여자고등학교감 · 주례여자고등학교장 역임
- 1975년 '칠오동우'외 4편 데뷔, 한국문예 · 한국시사랑문학회 · 재경고성문인협회 · 서문문학회장, 국제펜한국본부 이사, 한국문인협회 남북문학교류위원, 한국현대시인협회 지도위원, 한국문예학술저작권협회 · 한글학회원, 각 문학단체 고문 및 문학상 심사위원, 종합문예지 『한국문예』발행인
- 칼럼니스트 '서병진 세상 이야기'한국문학신문 칼럼연재
- 국민훈장, 한국시문학대상 · 세익스피어문학대상 · 세계문화예술상 · 한국문학대상 · 한국문학명인대상 · 한국문학공로대상 · 한국시명인대상 외 42회 수상
- 서울지하철 게시 · 시비 :「이파리 없는 나무도 숨은 쉰다」
- 작사 : 「고성찬가」, 「고성연가」, 「그리움이여」(경남고성예총 '고성 그리고 그리움' CD), 「자랑스런 고성」, 「내 고향 가고파」, 「살고 싶은 고성」, 「고성이여! 영원하리」, 「고성이여」, 「문인의 노래」, 「문학의 길」, 「문인의 찬가」
- 수필집 : 『가산으로 가는 길』
- 칼럼집 : 『세상 이야기』
- 시조집 :『너른지 메아리』
- 시집 : 『이파리 없는 나무도 숨은 쉰다』, 『고향은 어머니 강』, 『세월 속에서 꽃은 핀다』, 『시간은 흔적을 남긴다』, 『장곡산 메아리』 등 10권

전 화 : 010- 3861- 6622

이메일 : abajin@hanmail.net

표 지 : 장곡산 저자 서병진 촬영

| 서병진 제10 시집 |

장곡산 메아리

지은이 | 서병진
발행인 | 김선자
발행처 | 도서출판 태영
인쇄일 | 2020년 7월 15일
초판 · 발행일 | 2020년 7월 15일
출판등록 | 제2009-0313호

주　　소 | 서울 중구 동[illegible] 42-1
전　　화 | 010-38[illegible]22
이 메 일 | ab[illegible]hanmail.net

ISBN 978-89-59361-55-7
정 가 20,000원